峨眉刺 峨眉枪

辛双双 艾泽秀 主编

人民体育出版社

图书在版编目（CIP）数据

峨眉刺　峨眉枪 / 辛双双, 艾泽秀主编. -- 北京：人民体育出版社, 2024（2024.10重印）
ISBN 978-7-5009-6327-1

Ⅰ.①峨… Ⅱ.①辛… ②艾… Ⅲ.①枪术(武术)—基本知识—中国 Ⅳ.①G852.23

中国国家版本馆CIP数据核字(2023)第113216号

*

人 民 体 育 出 版 社 出 版 发 行
北京中献拓方科技发展有限公司印刷
新 华 书 店 经 销

*

710×1000　16开本　16.75印张　315千字
2024年5月第1版　2024年10月第2次印刷

*

ISBN 978-7-5009-6327-1
定价：75.00元

社址：北京市东城区体育馆路8号（天坛公园东门）
电话：67151482（发行部）　　　　邮编：100061
传真：67151483　　　　　　　　　邮购：67118491
网址：www.psphpress.com
（购买本社图书，如遇有缺损页可与邮购部联系）

作者简介

辛双双 女，1971年8月出生，中共党员，副教授，硕士生导师，武术套路国家级裁判员，中国武术段位七段。

主要从事武术套路与民族传统体育教学、竞赛、裁判及科研工作。承担的主要课程有：武术套路本科主、专修、普修及硕士研究生专业指导等课程。研究的主要方向有：民族传统体育理论与实践，武术套路理论与实践等。

艾泽秀 女，汉族，1966年11月生，重庆人，中国健身气功技术委员会专家、中国武术套路七段、中国健身气功七段、国家社会指导员、武术套路国家级裁判、健身气功国际级裁判。

毕业于成都体育学院运动训练武术套路专业，现任成都体育学院武术学院教授、硕士生导师。从事多年武术教学、训练、竞赛、裁判及科学研究工作，曾获全国武术套路锦标赛女子组八卦掌冠军，全国武术套路锦标赛(乙组)女子团体冠军和个人单项3块金牌；1995年至今，长期担任国际、国内的重大武术套路及健身气功赛事的裁判长及总裁判长工作；近年来先后完成教材2本、专著2部、SCI期刊1篇、中文核心6篇，主持省部级课题1项，参与课题13项，发明国家创新专利3项，四川省一流线下课程"峨眉武术"负责人。

目　录

第一章　峨眉刺概述 …………………………………………（1）

　第一节　峨眉刺的历史沿革……………………………………（1）

　第二节　峨眉刺的风格特点……………………………………（3）

　　一、技法多变，攻防兼备……………………………………（3）

　　二、近打制胜，伺机隐蔽……………………………………（3）

　　三、旋转迷惑，出其不意……………………………………（3）

　　四、以短制长，水陆通用……………………………………（4）

　第三节　峨眉刺的演练要求……………………………………（4）

　　一、双手协同，步法多变……………………………………（4）

　　二、手臂贯通，力达指腕……………………………………（5）

　　三、步似踩石，五趾扣地……………………………………（5）

　　四、眼神犀利，身法矫健……………………………………（5）

　第四节　峨眉刺的锻炼价值……………………………………（6）

　　一、强身健体…………………………………………………（6）

　　二、防身自卫…………………………………………………（6）

　　三、娱乐休闲…………………………………………………（7）

第二章　峨眉刺基础练习 ……………………………………（8）

　第一节　峨眉刺的基础内涵……………………………………（8）

1

一、手腕练习……………………………………………（8）
　　二、步法练习……………………………………………（8）
　　三、组合练习……………………………………………（8）
　第二节　峨眉刺基本技法及步型………………………………（9）
　　一、简介…………………………………………………（9）
　　二、握刺方法……………………………………………（10）
　　三、基本技法……………………………………………（10）
　　四、基本步型……………………………………………（13）
　　五、基本腿法……………………………………………（16）

第三章　峨眉刺套路动作图解……………………………（18）

　第一节　峨眉刺谱名称…………………………………………（18）
　第二节　峨眉刺套路动作图解…………………………………（19）
　第三节　峨眉刺套路运行路线示意图…………………………（87）

第四章　峨眉枪概述…………………………………………（89）

　第一节　峨眉枪的源流…………………………………………（89）
　　一、峨眉枪的起源与历史演变…………………………（89）
　　二、峨眉枪的传承………………………………………（90）
　第二节　峨眉枪的锻炼价值……………………………………（91）
　　一、强健身体……………………………………………（91）
　　二、健康心态……………………………………………（91）
　　三、娱乐休闲……………………………………………（92）
　第三节　峨眉枪的风格特点……………………………………（92）
　　一、卷裹为主，短打灵巧………………………………（92）
　　二、破攻守中，变幻莫测………………………………（93）
　　三、枪如游龙，收放自如………………………………（93）

四、慢而不凝，快而不乱…………………………………………（94）

　第四节　峨眉枪的技击特点……………………………………………（94）

　　一、止戈为武，仁义为德…………………………………………（94）

　　二、十八扎法，连击逼人…………………………………………（95）

　　三、十二倒手，转防为攻…………………………………………（95）

　　四、以虚探实，防守反击…………………………………………（96）

　第五节　峨眉枪的演练要求……………………………………………（96）

　　一、枪扎一条线……………………………………………………（96）

　　二、持枪贵四平……………………………………………………（97）

　　三、前管后锁………………………………………………………（97）

　　四、艺工于一圈……………………………………………………（97）

第五章　峨眉枪基本动作及方法……………………………………（98）

　第一节　峨眉枪各部位的名称…………………………………………（98）

　第二节　持枪礼及基本步型……………………………………………（99）

　第三节　基本枪法………………………………………………………（105）

　第四节　二人攻防组合…………………………………………………（120）

第六章　峨眉枪套路动作图解………………………………………（159）

　第一节　峨眉枪枪谱名称………………………………………………（159）

　第二节　峨眉枪套路动作图解…………………………………………（160）

　第三节　峨眉枪套路运行路线示意图…………………………………（258）

第一章 峨眉刺概述

第一节 峨眉刺的历史沿革

中华武术，源远流长，绚丽多姿，经过数千年历史长河的不断充实和洗礼，形成了众多的门派及体系。博大精深的武术文化，成为中国华夏文化宝库中耀眼夺目的瑰宝。峨眉武术起源于峨眉仙山，流传于巴蜀民间，吸收各流派之精华，扎根于巴蜀大地，流传于中外，与少林、武当并称为中华武术三大流派。峨眉武术与峨眉山的道、释、儒等宗教和传统文化相互融合、渗入，不断发展。据史料记载，峨眉武术源于殷商，成于南宋，盛于明清。

峨眉武术于2008年申报成为国家非物质文化遗产代表性项目。峨眉武术发展已有近三千年的历史，已成为四川武术的代名词，也是整个西南地区的武术总称。峨眉武术除了拳术和气功之外，还包括器械。在峨眉器械中，刀、枪、剑、戟、斧、钺、钩、叉、鞭、锏、锤、抓、镗、棍、槊、棒、拐、流星等十八般兵器样样皆有。北宋时期的蒋平是中国古典名著《三侠五义》《七杰小五义》《白眉大侠》《龙虎风云会》中的主要人物之一，五鼠闹东京时被封为六品校尉，在开封府任职。其擅长潜水，可在水中潜伏数个时辰，并且能在水中开目视物，因此得名"翻江鼠"。他身材瘦小，面黄肌瘦，形如病夫，为人机巧灵便，智谋甚好，善使一对短双奇兵器，即为峨眉刺。金庸的武侠小说《射雕英雄传》《神雕侠侣》中，黄蓉的防身兵器也是一对峨眉刺。

峨眉刺，又名峨眉针、峨眉对刺或双锋挝。峨眉刺作为武术项目出现，是在明代末年。有关峨眉刺的最早文字记载，见于清朝举人徐珂（1869—1928年）编撰的《清稗类钞》："宣统辛亥年，拳师戴绵堂、李勤波、李春如三人表演的武术项目中有'峨眉针'，即今的峨眉刺。"峨眉刺属于小双器械类，此类器械由于规格小、重量轻，所以演练动作以手腕和上肢为主，运用灵活，携带隐蔽。由于峨眉刺的外形近似中国古代女子盘头的发簪，传闻其为中国古代女子所创，其实不然。峨眉刺是四川省峨眉山之上的男士白眉道长所创，是峨眉派习武者的代表性兵器之一。峨眉刺长约30厘米（长短也可因人而异），其形状是中间粗、两头细的锥形体，头端略扁，呈菱形带尖，形如枪头；另根据锻造形式的不同，又可分为三棱峨眉刺、六棱梅花峨眉刺等。峨眉刺中间粗，正中有一圆孔，铆上一铁钉，钉子可在孔中灵活转动，钉子串连一套指圆环。练习者将圆环套在中指上，左右手各持一个，运用抖腕和手指拨动使其转动，屈指握住刺体，可做穿、刺、挑、扎、戳等动作。

相传峨眉刺在古代是用于水中作战的一种武器，主要用来凿穿敌方船底，使敌船沉覆，故又称分水峨眉刺，后改为在陆上应用。由于经常用于水中作战，为减轻负担，它就演化成一种小巧便携的"暗器"，用来刺击敌方穴位。在水中游泳不可能穿着宽大的衣服，更不可能穿靴子，那么武器就只能带在手上。但是如果手里攥着武器，双手张开，就很难游泳，于是峨眉刺就被制作成现在这种独特的形状。这样，张开两臂划水游泳时，它也不会掉下来。另外，即使在两手张开游泳时，峨眉刺在手中的方向失去控制，使用时也能迅速调整方向，在水中做到随心所欲，灵活运用。

在以冷兵器为主要兵器的时代，峨眉刺的技术来源于技击实践，经过不断的加工、提高，然后再用于技击实践，这是历史上峨眉刺发展的基本线索。随着火器的发展，峨眉刺直接的技击价值逐步降低，虽然如此，峨眉刺仍然保持了技击的技术特点。近代峨眉刺的演练在技术上体现了各种技击的方法和力法，也反复强调技击理论。

峨眉刺的技击特点，使其形成了完整技术体系，包括套路练习和对抗性练习，以及相关的训练方法。峨眉刺的力法讲究刚柔相济，同样是由其技击特点所决定的。一般来说攻时奋力突进，力法主刚；守时随人而动，力法主柔，且攻中有守，守中有攻，攻时刚中有柔，守时柔中有刚，刚柔相济，不可偏废。虽然今天峨眉刺的技击价值已不能和冷兵器时代同日而语，随着竞技峨眉刺技术的发展，峨眉刺套路的技击特点也有所淡化，但其技击特点仍将作为峨眉刺技术的最基本特点而长期存在。

随着时代发展，峨眉刺已由一种暗器演化成一种武术表演器械。起初是作为一种辅助器械在峨眉派武术中被运用的。由于它小巧玲珑，便于携带，富有特色，风格独特，且具有独特的观赏和锻炼价值，特别适合儿童少年及女性练习，因此便很快流传开来，并且在各流派武术中被发扬。现今峨眉武术的八大门中，都还保留有它的套路。在练习时，将圆环套在双手的中指上，在做静止动作或平衡造型的一刹那，手指拨、手腕抖，峨眉刺就在手中旋转。以刺、穿、挑、扎等方法配合各种步型、步法、腿法、跳跃等动作构成峨眉刺的套路练习。

第二节 峨眉刺的风格特点

一、技法多变，攻防兼备

峨眉刺巧妙的器械设计，令其没有把位的变化，要求手腕动作灵活。峨眉刺的多数技术动作都是依靠手掌的突然张开和手腕的快速抖动完成的。手腕和器械结合运用的熟练程度直接关系到各种技击方法是否能够充分发挥。技法主要体现在刺、挑、戳、拨等动作上。刺分为直刺、斜刺、转身刺；戳分为猛戳、跃起下戳；拨分为抖腕拨、平划拨、甩拨。进攻时多运用疾步直刺，遇到对手化解动作立即侧身闪躲，同时在闪躲中继续采用其他招式变换进攻，以巧取胜。招法别出心裁，先诱后打，善出阴招，富于变化。在攻防过程中，无论是进攻时的猛烈还是防守时的灵巧多变，无不体现了峨眉刺的巧妙、犀利、善变、泼辣、多姿、刚烈。与北方武术的大开大合、强打硬攻有鲜明的区别。

二、近打制胜，伺机隐蔽

峨眉刺属于小双器械类，此类器械的显著的技法特点是具有很强的隐蔽性，并且能在较近距离的情况下出奇制胜，在实战中峨眉刺最主要的特点就是出其不意。峨眉刺因外形小巧，并且有指环牢固地套于手指上或握于手中，使进攻的隐蔽性很强，不易被对手识破动机。峨眉刺两头有锋利的刺头，双手持有，固定在手掌中，在近距离进攻时，轻快敏捷地使用，攻击效果尤为显著，极具杀伤力。峨眉刺包含刀、棍、剑的用法，硬打硬进。按刀法所用，表现为紧贴敌身；按棍法所用，表现为挪、闪、蹉、转；按剑法所用，表现为动作快妙，围身而转。同时也能将三种器械的用法集于峨眉刺一身。

三、旋转迷惑，出其不意

峨眉刺主要由刺头、刺身及指环三部分组成。使用时，左、右手的中指分别插入峨眉刺的指环内，利用手指拨、手腕抖，峨眉刺就在手中旋转。峨眉刺的旋转是在实战中迷惑对手的一种招式，可以佯装旋转动作而后伺机出动。峨眉刺独有的器械构造使其具有各种拨转技法，无论在水中还是陆地交战中，都可以起到较好的防守和迷惑对手的效果，用双手或单手拨、绞、穿等，徘徊中寻找进攻的时机。两手协同能够较好地做到攻守兼顾，攻防互补，随机变换，令对手防不胜防。因为小双器械本身所固有的特点，其各种技术动作必须靠极度灵活敏捷的步法与身法来完成，如步法的蹲、蹦、跳、跃等。屈指握紧时并配合不同的步型、步法、平衡、跳跃等进行或防或攻等技击动作，而轻快敏捷则是做到出其不意的必需条件。

四、以短制长，水陆通用

中国古代经常在水中作战，长器械不易携带而且容易暴露，使用时更不方便。而峨眉刺则是水战中使用的一种格斗短兵械。峨眉刺携带方便隐蔽、不易暴露脱落，是水战的最佳器械选择。它可用于水中刺杀或潜入水底凿穿船底，故又称"分水峨眉刺"。峨眉刺因其重量轻巧、器械短小、方便携带等特点，在水战中的攻击效果尤为显著。可将其随身携带于腰间或身体的隐蔽之处，潜伏于水中，暗中观察敌方位置，选择合适的机会进攻；防守时，可旋转拨刺，让其立向旋转或平向旋转，迷惑对方使其看不清进攻的路线，从而乘其不备，顺势一击。古代战争多以陆战为主水战为辅，因此陆上作战乃是兵家常事，而峨眉刺同样适用于陆地作战。峨眉刺独有器械构造及技法特点，使其得以发挥以快制慢、以短制长的功能，特别是女性使用时，更能做到乘其不备，出奇制胜。

第三节　峨眉刺的演练要求

一、双手协同，步法多变

双小器械要求身体与器械的高度统一。一般练习者练习峨眉刺时左手不如右手灵活，因此要加强左右手的基本技法的单独练习，特别是左手的灵活度练习。双手配合度是衡量技术动作水平的一个重要标志。同时，双手的配合还是身体肌肉、神经系统与常规思维的矛盾运动，左右手器械运用方法与身体配合不协调，不但会影响动作的完成质量，而且还会造成事故。因此，练习者应使双手臂的运动通过身体运动作用于峨眉刺本身，从而做到身体的运动和器械的运动合为一体。

二、手臂贯通，力达指腕

在使用峨眉刺时，左、右手的中指分别插入峨嵋刺的指环内，屈指握紧，配合各种身法、步法进行平衡、跳跃等动作，可做拦、架、推、刺、穿、挑、拨、铰等攻击性技法，抖腕舒指时可运用手腕的抖劲配合手指拨动，使峨眉刺在手中进行快速立转或平转，迷惑对手，起到防守及掩护的作用。峨眉刺在运动过程中所呈现的各种技法动作均源自于腿部蹬地、腰部扭转，并运用手臂、手腕的力量，需要手臂处于自然坠肘的姿态，肘关节、腕关节保持松弛，其目的是为了力量的通达。在实战中，需要五指的协调配合、共同作用，精确把控攻击敌人的部位，形成有效攻击。但是，仅仅依靠手指的力量是不够的，需将蹬地转腰的劲力传达至指、腕。

三、步似踩石，五趾扣地

峨眉刺的步型、步法十分重要，近身器械的攻击靠的是短打、速攻、快撤离，因此在习练时需要保持稳定的身体姿态，以便在实战中有扎实的根基作为取胜制敌的关键性保障。首先是落胯，将头部、颈部、肩部、背部的重力压于胯，而后胯上之力会落于膝，膝上之力会沉于踝脚，最后将整个身体的重力完全压于脚部，身体的重心收于人体垂直轴，使其更加沉稳。在演练过程中需要气下沉，五趾用力抓地，脚心收空，犹如踩石，做到步法轻灵敏捷，步法多变。稳定有力的身体支撑是取得击打效果的重点所在，也是技法招式得以充分发挥的关键点。

四、眼神犀利，身法矫健

在演练峨眉刺的过程中，眼神不拘泥于一点，而应始终处于动态之中，随着进攻、防守、跃起、蹲下等动作而变化，将手、眼、身、法、步结合起来。目光锐利，双目有神，眼随手动，手到眼到，目随视注，充分体现峨眉刺演练的灵巧、善变、精准。同时在演练攻防技法时，身体要迅速做出上步、后退、躲闪、掩藏、侧身、转动等动作，表现出身形婀娜多姿，灵活有力，百转千回，刚烈果断。需要反应及时、快速、精准，使眼神与各种身体动作以及精气神完美协调配合。峨眉刺具有较强的攻防意识，攻与守不仅在手上动作中要得到体现，更要体现在眼神和身体的变化上。

第四节　峨眉刺的锻炼价值

一、强身健体

练习峨眉刺可以加强手臂、手腕、手指的肌肉收缩能力，使骨骼更加坚固，特别是手腕、手指关节更加灵活。长年累月地练习峨眉刺技术动作，可使双手腕部、指部的肌肉力量增强，肌腱和韧带增粗，让肌肉更加发达，柔韧而富有弹性，从而改善手部骨骼的血液循环，使指、腕的形态和功能发生良好的变化。同时，肌肉力量增强、肌腱和韧带增粗，也加强了关节的稳固性，使腕和手指关节既牢固又灵活。长期练习峨眉刺可以预防骨质疏松，防止关节或韧带扭伤、拉伤，以及手指肌肉萎缩等现象的发生。

另外，峨眉刺双手持有，对我们不常活动的左手腕、左手指的锻炼有一定的帮助。通过反复的运动，对大脑皮质产生良性刺激，能使右脑得到比较充分的锻炼，可以有效开发右脑，也有助于对左右脑的均衡发展。

二、防身自卫

随着历史的发展，峨眉刺逐渐退去了古代作为暗器水中作战的功能和作用，但是防身制敌的攻防价值却依然存在。通过长期练习峨眉刺，可以提高攻防格斗的基本能力，掌握一定的攻防技术。峨眉刺虽然短小，但是两头刺尖锋锐，形如枪头，指环固定于手指上，可运用武术长短兵器的所有技击方法，既可进攻，又可防守，水中、陆地均可使用。不易脱落，隐蔽又轻巧，有利于防身自卫。特别对于女性来说，便于携带，轻巧实用，适合贴身近打，可达到事半功倍的效果。长期练习峨眉刺，还能提高练习者跑、跳、躲、闪等快速反应的防守能力，也能提高练习者的忍耐力、观察力、攻击时的爆发力等，从而在面对危险的时候，有更好的心理承受能力和行动应变能力。

三、娱乐休闲

常练峨眉刺不仅能强健筋骨,增强体质,同时更能陶冶情操,给人们带来轻松愉快、自由自在、积极向上的精神生活;能使练习者性情豁达、乐观开朗,整个身心都得到极大的放松和调节;可以缓解生活中的压力,较好地消除日常生活和工作中产生的疲劳。峨眉刺也可作为健身娱乐的辅助器械,来练习手腕和手指的灵活和灵巧度。例如峨眉刺的转刺,通过手掌的不同方位的变化,可完成立转、平转、托转等动作,简单易学。双刺飞速旋转,银光闪闪,上下翻飞,美不胜收,令人眼花缭乱。对于健身锻炼者来说,峨眉刺简单的动作,既能锻炼手腕、手指的灵活性和协调性,又是一种较好的自娱自乐、放松心情、陶冶性情的手段。

第二章 峨眉刺基础练习

第一节 峨眉刺的基础内涵

一、手腕练习

峨眉刺属于小双器械类，体积小巧、重量轻，固定在手指上，因此，很多基本动作是靠手腕的快速发力抖动和手腕与手臂前部的相互配合共同完成的。峨眉刺器械套路的连接主要由很多不同的技术动作来完成，如峨眉刺的云转刺等动作。在学习的初级阶段，尤其是在学习单个动作时，要注意对手腕劲力的练习，其中包括对用力的度和点的把握。在学习技术动作的同时，还要加强对手腕的灵活度的锻炼。

二、步法练习

峨眉刺的步法比较灵活多变，主要是根据实战中攻防技术动作的需要而随机变化的。其基本动作一般由蹲、蹦、跳、跃、翻等跳跃步法结合手上的挑、刺、戳、扎等技法动作构成。步法其实是上肢演练的辅助性技术动作，但是步法的灵活多变，为峨眉刺技术的多样性运用提供了广阔的空间，如前跳步下刺、击步接侧踹双戳刺等。所以，在练习峨眉刺的过程中一定要注意步法运用的多变性，把不同的步法作为学习峨眉刺的一个有效的辅助基本练习。

三、组合练习

组合练习是检验掌握峨眉刺基本技法熟练度的一个重要标志。套路的完成是由不同组别的组合动作构成的，因此，在基本掌握和练习单个动作的基础上进行必要的组合练习，对于更好、更快地掌握峨眉刺技法和提高套路学习有积极的促进作用。首先是进行峨眉刺双手和左右手不同技术方法的组合练习；其次是进行步型、步法的组合练习，主要是练习各种基本动作时要注意步法与身体的协调配合；最后是完整组合动作的提高练习，以加快对套路练习的掌握。

第二节　峨眉刺基本技法及步型

一、简介

峨眉刺作为武术项目出现，是在明代末年。此械一般外形长约一尺（长短也可因人而异），两头细而扁平呈菱形尖刀锐刺，形如枪头，中间粗，正中有一圆孔，上铆一铁钉，钉子可在孔中灵活转动，钉子串连一套指圆环。其形状是中间粗、两头细的锥形体。将圆环套在练习者中指上，左右手各持1个，称峨眉对刺。（图2-1、图2-2）

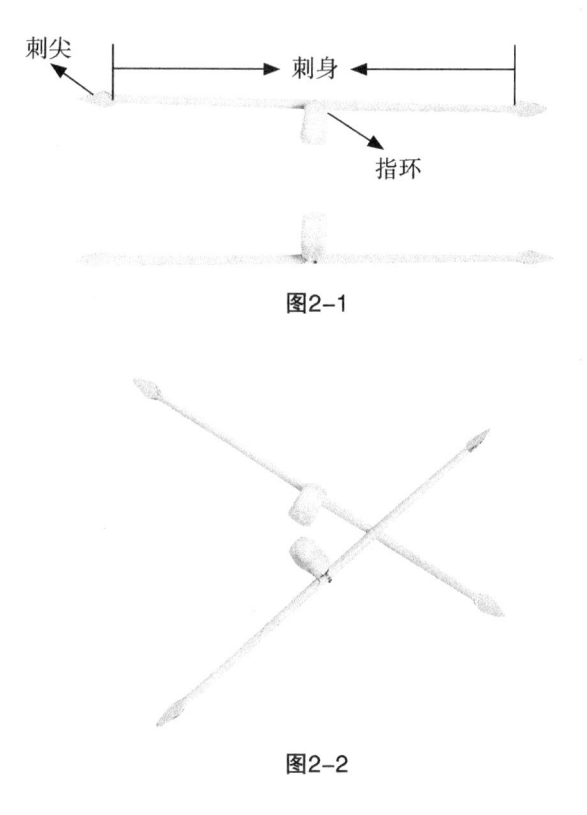

图2-1

图2-2

二、握刺方法

峨眉刺握法分为半握和全（抓）握（以右手为例）。

1. 半握

刺尖朝前，刺的另一端紧贴手臂，食指伸直紧贴刺，拇指与其余三指相对握拢刺，小指侧向下。（图2-3）

2. 全握（抓握）

刺尖朝前，大拇指紧扣于食指第一节，其余四指弯曲抓握住刺，手心向下或向内侧。（图2-4）

图2-3

图2-4

三、基本技法

1. 平刺

持刺由屈到伸，刺尖朝前，刺身后部紧贴前臂，食指在上，拇指与其余三指相对握拢抓刺，大拇指侧向下，手心向下。（图2-5）

【要点】力达刺尖，手腕与手臂成一条直线，肘部不能弯曲，发力迅猛。

图2-5

2. 仰刺

持刺由屈到伸，刺尖朝前，刺身后部紧贴手臂，食指在下，伸直紧贴刺，拇指与其余三指相对握拢抓刺，手心向上。（图2-6）

【要点】力达刺尖，手腕与手臂成一条直线，发力迅猛。

图2-6

3. 立刺

持刺由屈到伸，刺尖朝前，刺的另一端紧贴手臂，食指在下，伸直紧贴刺，拇指与其余三指相对握拢刺，手心向内。（图2-7）

4. 平拨刺

手臂自然弯曲，手心向下，手腕向内拨动，五指张开，刺顺时针转动。（图2-8）

【要点】手腕快速发力，五指用力迅速张开，手指不能弯曲。

图2-7

图2-8

5. 云拨刺

手臂自然弯曲，手心向上，手腕向外拨动，五指张开，刺反时针转动。（图2-9）

【要点】手掌托平，手腕快速发力，五指迅速用力张开。

6. 立拨刺

刺身垂直，五指张开，手心向内，手腕由下向上、向内拨刺转动，主要借助手腕发力拨刺。（图2-10）

【要点】手腕快速发力，五指迅速用力张开，手指不能弯曲。

图2-9

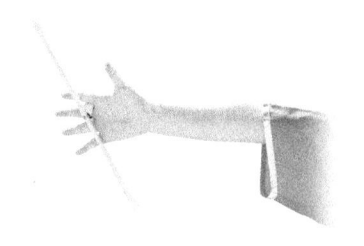

图2-10

7. 点刺

立刺，提腕，使刺尖由上向下为点，力达刺尖。（图2-11）

【要点】手腕快速发力，腕与手指协同用力，用力顺达。

图2-11

8. 戳刺

五指抓握刺向右（向左）直出为戳，小指一侧发力，力达刺尖。（图2-12）

【要点】握刺有力，用力迅猛。

图2-12

9. 绞刺

双手执刺交叉，两手腕相贴，以手腕交点为轴，顺时针（逆时针）左右手交替绕圆环为绞，力达刺身。（图2-13）

【要点】以臂带腕，双手协调，用力顺达。

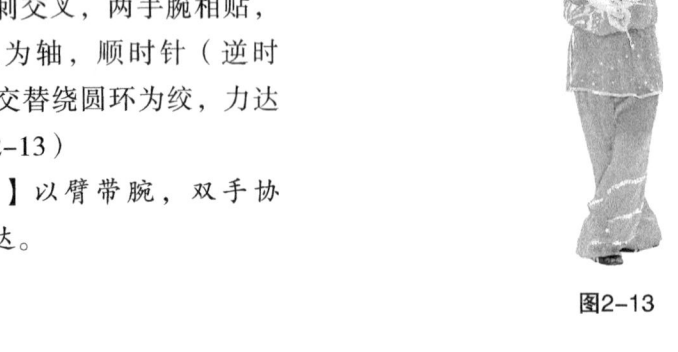

图2-13

图2-14

10. 架刺

两手全握刺，上举两刺交叉，同时向前推架刺。（图2-14）

【要点】双手握紧，直腕用力，力达刺身。

11. 穿刺

两手全握刺，左手在外，并置于右胸前；右手从下向上、从左至右、从内向外，向右斜上上方刺出；随即，左手置于右腋下。（图2-15、图2-16）

【要点】刺尖向前，刺身与手臂一条直线，用力顺达。

图2-15

图2-16

四、基本步型

1. 弓步

左脚向前迈出一大步（约为本人脚长的4～5倍），脚尖微内扣，左腿屈膝半蹲（大腿接近水平），膝与脚尖垂直；右腿挺膝伸直，脚尖内扣（朝向前方约45°），两脚全脚着地。上体正对前方，眼向前平视，两手抱于腰间（图2-17）。右腿在前为右弓步；左腿在前为左弓步。

【要点】前腿弓，后腿绷；挺胸、塌腰、沉髋；后蹬腿膝盖不能弯曲，前脚同后脚成一条直线。

图2-17

2. 马步

两脚平行开立（约为本人脚长的3倍），脚尖正对前方，屈膝半蹲，膝部不超过脚尖，大腿接近水平，全脚掌着地，身体重心于两脚之间；两手抱拳于腰间。（图2-18）

【要点】挺胸、塌腰、中正，脚跟外蹬；大腿与地面平行。

图2-18

3. 仆步

两脚左右开立，左腿屈膝全蹲，大小腿折叠靠紧，臀部接近小腿，左脚全脚掌着地，脚尖和膝关节外展；右腿伸直平仆，脚尖内扣，全脚掌着地，眼向右方平视（图2-19）。仆左腿为左仆步，仆右腿为右仆步。

【要点】挺胸、塌腰、沉髋；平仆腿膝盖不能弯曲；两脚不能离地。

图2-19

4. 虚步

两脚前后开立，右脚向外展45°，屈膝半蹲；左脚脚跟离地，脚面绷平，脚尖稍内扣，虚点地面，膝微屈，重心落于后腿上，大腿接近水平；眼向前平视（图2-20）。左脚在前为左虚步，右脚在前为右虚步。

【要点】挺胸、塌腰，虚实分明；支撑腿大腿不能低于水平，支撑脚全脚着地。

图2-20

5. 歇步

两腿交叉靠拢全蹲，右脚全脚掌着地，脚尖外展；左脚前脚掌着地，膝部贴近右腿外侧，臀部坐于左腿接近脚跟处。两手抱拳于腰间；眼向左前方平视（图2-21）。左脚在前为左歇步，右脚在前为右歇步。

【要点】挺胸、塌腰，两腿靠拢并贴紧；后插腿膝盖不能触地。

图2-21

6. 丁步

并步站立，两腿屈膝半蹲，右脚全脚掌着地，左脚脚跟掀起，脚尖里扣并虚点地面，脚面绷直，贴于右脚脚弓处，重心落于右腿上；两手抱拳于腰间；眼向前平视（图2-22）。左脚尖点地为左丁步，右脚尖点地为右丁步。

【要点】挺胸、塌腰，虚实分明；支撑腿大腿接近水平，重心要稳，身体不能晃动。

图2-22

7. 坐盘

两腿交叉，右腿屈膝，大小腿均着地，脚跟接近臀部，左腿在身前横跨于右腿上方，左大腿贴近胸部；两手掌交叉放于胸前；眼向左前方平视（图2-23）。左腿在上为左坐盘，右腿在上为右坐盘。

【要点】挺胸、塌腰，臀部贴地；两腿靠拢并贴紧。

图2-23

8. 跪步

左脚向左侧前上半步，全脚掌着地，屈膝下蹲，膝与脚尖相对，右腿屈膝半蹲（膝盖不着地），右脚前脚掌着地，脚跟离地；目视前方。（图2-24）

【要点】挺胸、直背、立腰。屈膝跪地时身体保持稳定，重心要稳。

图2-24

五、基本腿法

1. 正踢腿

左脚支撑，右腿挺膝，脚尖勾起向额前处猛踢；目视正前方。（图2-25）

【要点】挺胸、收腹、直腰；踢腿时脚尖勾起绷落或勾起勾落；收髋猛收腹，踢腿过腰后加速，要有寸劲。

图2-25

2. 弹腿

左腿直立或微屈支撑，右腿屈膝提起，大腿与腰平，右腿绷直；提膝接近水平时，要迅速猛力挺膝，向前平踢（弹击），力达脚尖，大腿与小腿成一直线，高与腰平；目视前方。（图2-26）

【要点】挺胸、直腰，绷脚尖，收髋，弹击有寸劲（即爆发力）。

图2-26

3. 后撩腿

右腿独立直腿支撑，身体重心移至右腿，身体稍向右前倾，右脚全脚掌着地；同时，左腿（左脚尖绷直）直膝向后、向上撩起。（图2-27）

【要点】后撩腿时，身体要保持稳定，不能摇晃；后撩腿要挺胸、塌腰、抬头；以胯带腿快速发力，力达脚掌。

图2-27

图2-28

4. 后摆腿

右腿独立直腿支撑，上体向右微倾，同时，左腿向后上以髋关节为轴直腿向外摆起，左脚尖绷直；目视摆腿方。（图2-28）

【要点】摆腿时支撑腿直膝、重心要稳，不能摇晃，后摆腿快速发力下落。

5. 侧踹腿

左腿伸直支撑，右腿由屈到伸，脚尖内扣，用脚掌猛力踹出，高与腰平；上体倾斜；目视踹腿方。（图2-29）

【要点】挺胸、开髋、猛踹；脚外侧朝上，力达脚跟。

图2-29

第三章　峨眉刺套路动作图解

第一节　峨眉刺谱名称

第一段

第 一 式　预备势　　　　　　第 二 式　弹腿前刺
第 三 式　上步平刺　　　　　第 四 式　插步双戳刺
第 五 式　转身云拨刺　　　　第 六 式　马步云拨刺
第 七 式　提膝亮刺　　　　　第 八 式　歇步立拨刺
第 九 式　退步左右平刺　　　第 十 式　仰身云拨刺
第十一式　回身后摆腿　　　　第十二式　握刺前滚翻
第十三式　进步双刺　　　　　第十四式　上步立拨刺
第十五式　转身左右平刺　　　第十六式　回身云拨刺
第十七式　虚步立拨刺

第二段

第 十八 式　插步双戳刺　　　第 十九 式　缠腿侧踹
第 二十 式　后撩腿拨刺　　　第二十一式　抡臂转身正踢腿
第二十二式　回身提膝点刺　　第二十三式　退步绞刺
第二十四式　退步撩刺　　　　第二十五式　左上步戳刺
第二十六式　右上步戳刺　　　第二十七式　跪步架戳刺
第二十八式　并步双刺　　　　第二十九式　转身拨刺
第 三十 式　上步提拨刺　　　第三十一式　回身跳步戳刺
第三十二式　坐盘戳刺　　　　第三十三式　右虚步拨刺
第三十四式　左虚步拨刺　　　第三十五式　抡臂挂刺
第三十六式　马步平刺

第三段

第三十七式　进步平拨刺　　　第三十八式　跪步拦刺
第三十九式　上步架刺　　　　第 四 十 式　左右旋转云拨刺
第四十一式　劈叉立拨刺　　　第四十二式　转身右穿刺
第四十三式　左穿刺　　　　　第四十四式　仆步穿刺
第四十五式　立身拨刺　　　　第四十六式　虚步抱刺
第四十七式　进步前刺　　　　第四十八式　望月拨刺
第四十九式　跪步戳刺　　　　第 五 十 式　退步平拨刺
第五十一式　并步架挡　　　　第五十二式　插步戳刺

第四段

第五十三式　翻身跳点刺　　　第五十四式　上步平刺
第五十五式　腾空弹腿前刺　　第五十六式　提膝穿刺
第五十七式　丁步戳刺　　　　第五十八式　退步绞刺
第五十九式　仆步穿刺　　　　第 六 十 式　仰身后刺
第六十一式　马步拨刺　　　　第六十二式　转身云拨刺
第六十三式　站立拨刺　　　　第六十四式　提膝云拨刺
第六十五式　半马步托拨刺　　第六十六式　跪步戳刺
第六十七式　并步收势

第二节　峨眉刺套路动作图解

第一段

第一式　预备势

预备动作一：两腿并步站立；左右手各持一个刺，两臂自然垂于身体两侧，身体正面向前方自然站立；目视前方。（图3-1）

【要点】两腿并步站立，挺胸沉肩，呼吸自然，精神饱满。

图3-1

预备动作二：身体姿势不变；两手握刺随屈肘上提至腰两侧；目视前方。（图3-2）

【要点】两肘向后夹紧，两刺紧贴腰间两侧，刺尖斜向下方，两掌心相对，精神饱满，呼吸自然。

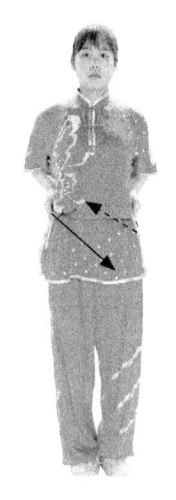

图3-2

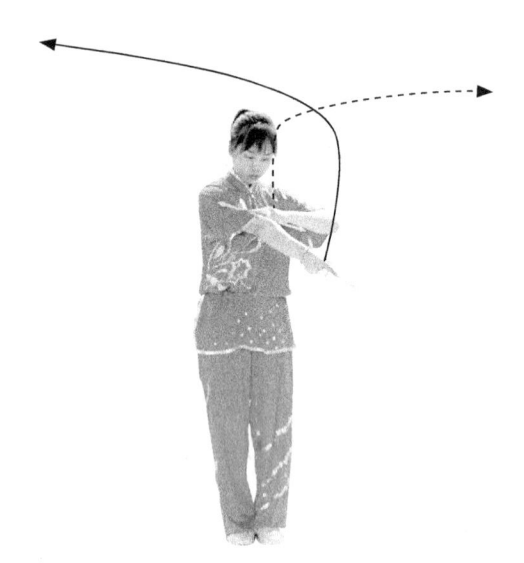

图3-3

第二式　弹腿前刺

1. 身体姿势不变，两腿保持不变；左右手向前在腹前交叉，左手交叉于右臂下，右手向下刺；目视右手。（图3-3）

2. 两腿并步直立；同时双手握刺向左右分刺，掌心向前；目视前方。（图3-4）

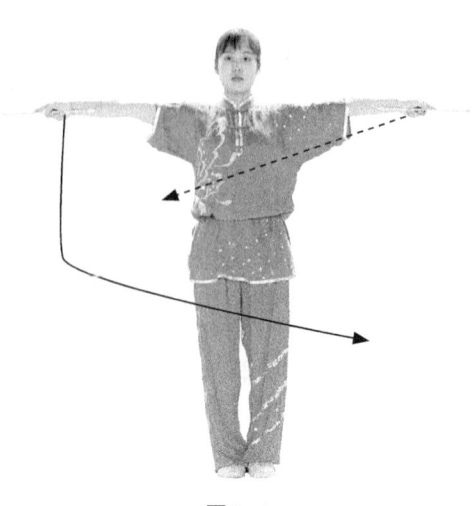

图3-4

3. 身体直立，微向左转，左腿直膝，独立支撑，右脚离地，右腿屈膝上提至胸前，脚面绷平，脚尖向下；同时，左右手握刺向内交叉于体前，左手刺尖放于右臂上方，右手握刺刺尖向下；目视下方。（图3-5）

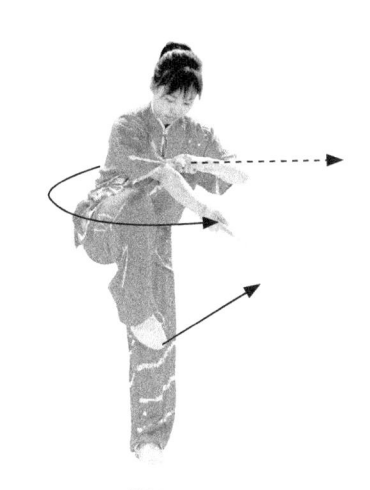

图3-5

图3-6

4. 身体重心上升，左腿不变，右腿脚面绷平，向前屈膝弹踢，大小腿一条直线；同时，左手握刺，刺尖向前立刺，右手握刺，屈肘收抱于右侧腰间；目视左刺方。（图3-6）

【要点】挺胸、塌腰；弹腿由屈到伸，要快速用力，力达足尖，弹出腿与地面平行，不能低于水平；刺要迅猛刺出，力达刺尖。

第三式　上步平刺

接上势。身体重心下降，左腿屈膝，左脚全脚掌着地，右脚向右后方着地，右腿屈膝下跪；同时，左手握刺收抱于左腰间；右手握刺从腰间向前平刺出；目视右刺。（图3-7）

【要点】右脚内扣，左大腿要趋于水平，左腿膝盖约与左脚脚尖垂直；前刺时身体重心向下，挺胸、立腰，力达刺尖。

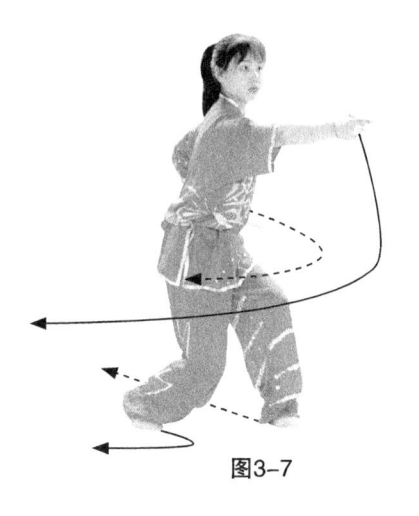

图3-7

第四式　插步双戳刺

接上势。身体重心下降向右转，上体微前倾；左脚蹬地向左侧插步，前脚掌着地；右脚脚尖外摆45°，屈膝半蹲；同时，左手握刺，手心朝外向右下方戳刺，右手握刺，手心朝内向右下方戳刺，双刺与地面平行；目视右下方。（图3-8）

【要点】插步与戳刺动作要同步完成，转腰坐胯，重心要稳，上体不能晃动；双手戳向同一方向，同时发力，眼随刺走。

图3-8

第五式　转身云拨刺

接上势。身体重心上升，向左转体180°；左脚全脚掌着地，右脚向左拧转，与左脚平行站立；同时，左手托转上举至头顶拨刺，右手握刺自然垂放于身体右侧，刺尖向下；头向左转，目视左方。（图3-9）

【要点】转身与拨刺同步协调完成，刺要随转随动，左手头顶云刺，手心要向上，五指用力展平，用力顺达。

图3-9

第六式　马步云拨刺

接上势。继续向左转体180°；左脚脚掌外展，以脚跟为轴转动，右脚上步与左脚平行，同时两腿屈膝下蹲，成马步；同时，左手在头顶云拨刺，右手持刺由后方平带至右侧平拨刺，与肩同高；头向右转，目视右刺。（图3-10）

【要点】挺胸塌腰，重心沉稳，姿势舒展，马步与拨刺同步完成；左手刺要托平，五指展开，右手拨刺手心向下，快速持续转动。

图3-10

第七式　提膝亮刺

接上势。身体重心上升，向右后方倾斜；左腿屈膝上提至胸前，大腿与小腿成90°侧踢，右腿直膝独立支撑；同时，左手握刺下落与右手握刺在腹前交叉，随经腹前向左右两侧刺出，左刺向小腿前方刺出，右刺向右后上方刺出；目视左下方。（图3-11、图3-12）

【要点】身体重心保持稳定，上体要向后方倾斜，左腿大腿尽量提高，小腿平放，大小腿收紧，左脚尖内扣，支撑腿不能弯曲，双刺刺尖朝向同一方向。

图3-11

图3-12

第八式　歇步立拨刺

接上势。重心下降，上体直立；左腿下落交叉至右脚后方，脚跟离地，膝部贴近左腿外侧，臀部坐于右腿接近脚跟处，右脚全脚掌着地，脚尖外展，两腿交叉靠拢全蹲；同时，左手持刺手心向前，向内拨刺，右手持刺手心向前，向内拨刺；目视左刺。（图3-13）

【要点】挺胸、立腰，两腿靠拢并贴紧；双臂平展，两刺保持垂直，掌心向前，五指用力张开，快速抖腕发力持续转刺。

图3-13

第九式　退步左右平刺

1. 接上势。重心上升；两腿起身直腿站立；两手动作不变，两刺继续拨转；目视左方。（图3-14）

图3-14

图3-15

2. 身体重心右移，上体左转；左腿直膝独立支撑，右腿屈膝上提，脚面绷直，脚尖向下；同时，左手握刺向前平刺，右手握刺收于右腰间；目视左刺尖。（图3-15）

3. 身体重心下降；左腿屈膝下蹲，右腿屈膝下落至右后方，脚跟离地；同时，左手握刺收于左腰间，右手握刺向前平刺；目视右刺尖。（图8-1-16）

图3-16

第三章 峨眉刺套路动作图解

4. 身体重心不变；左脚向后方退步，屈膝下跪，脚跟离地，右脚全脚掌着地，屈膝半蹲；同时，左手握刺向前平刺，右手握刺收于右腰间；目视左刺尖。（图3-17）

图3-17

图3-18

5. 身体重心不变；左脚全脚掌着地，屈膝半蹲，右脚向后方退步，屈膝下跪，脚跟离地；同时，左手握刺收于左腰间，右手握刺向前平刺；目视右刺尖。（图3-18）

【要点】退步与平刺要同步协调完成，重心保持稳定，快慢相间；刺从腰间直线发力，用力顺达，力达刺尖。

第十式 仰身云拨刺

1. 接上势。身体重心不变，微向左倾；左手握刺抱于腰间，右手持刺臂微屈，手心向上托刺；目视左方。（图3-19）

图3-19

25

2. 身体向右转，重心下降；左脚向左拧转，右脚全脚掌着地，两脚尖向前，两腿屈膝半蹲成半马步；同时，右手托刺从左侧平拨至右侧，五指张开，手心向上，左手从左腰间经体前上按于右臂上；头向右转，目视右刺。（图3-20）

图3-20

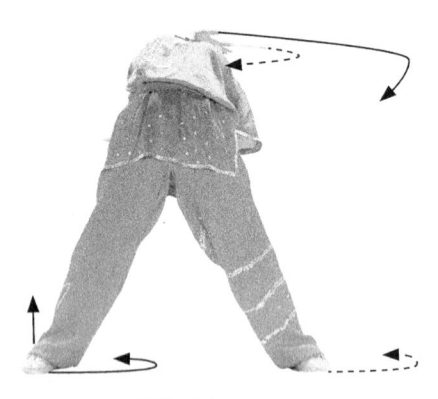

图3-21

3. 身体直立，重心上升，上体后仰；同时，左手持刺附于腰背处，右手持刺以腕为轴，划弧至头顶上方，手心朝上拨刺；目视后方。（图3-21）

4. 身体重心下降，上体左转立直；左大腿接近水平，脚尖内扣，右腿屈膝跪步；同时，左手握刺不变，右手持刺手心向下，放于左前方；目视右刺。（图3-22）

图3-22

图3-23

第十一式 回身后摆腿

1. 接上势。身体重心微上升右转，上体微前倾；左脚向右拧转，左腿屈膝跪步（膝盖不能着地），脚跟提起，右脚向右拧转，脚尖朝右，右大腿接近水平；同时，左手握刺向前平刺，右手握刺收抱于右腰间；目视左刺尖。（图3-24）

图3-25

5. 身体重心下降右转；左腿屈膝半蹲，左脚掌内扣，右脚全脚掌着地，屈膝半蹲，脚尖朝前；同时，左手动作不变，右手握刺继续向右平戳；目视右刺尖。（图3-23）

【要点】仰身与云拨刺同步完成，用力顺达，动作连贯；仰身时挺髋，上体接近水平，右手握刺由前向后平绕，肘部不能弯曲，重心要稳；马步要求挺胸塌腰，身体微向右转迅猛戳刺，力达刺尖。

图3-24

2. 身体向左转，左脚脚跟落地，右脚向左拧转，两脚尖朝前，两腿屈膝成马步；同时，左手握刺向左侧平戳，右手动作不变；目视左手前方。（图3-25）

3.重心上升，两腿站立，屈膝稍下蹲，右脚以左脚为轴，向右平转180°，与左脚平行站立；同时，右手握刺上提至肩前，并向右平戳。头向右转；目视右刺。（图3-26、图3-27）

4.上动不停。左脚以右脚为轴，向左平转180°，上身向右倾斜，左腿向后上以髋关节为轴直腿摆起，右腿独立直立支撑；同时，双手握刺从两侧向身后平戳；头向左转，目视左前方。（图3-28）

【要点】上步、转身、摆腿协调配合，动作连贯；支撑腿膝关节不能弯曲，身体重心要稳，后摆腿有一定高度，快速发力下落。

图3-26　　　　　　　　　　　　图3-27

图3-28

第十二式　握刺前滚翻

1. 接上势。上体微向右倾斜；左脚下落至左侧，脚尖着地，左腿伸直，右腿略弯曲；同时，双手摆在左右两侧；目视左侧前方。（图3-29）

2. 身体重心下降，上体略向左前倾；左脚全脚掌着地，两腿屈膝下蹲；上肢动作不变。（图3-30）

3. 身体右转，向前下含胸、低头，团身向前滚翻；左脚向左上一步，右脚蹬地，右腿向后上摆起；同时，双手握刺交叉收抱于胸前。（图3-31、图3-32）

【要点】前翻滚是肩、背、腰、臀依次着地，双手握刺抱于胸前；滚翻要圆、快，起身要迅速，站起时手不能撑地。

图3-29　　　　　　　　　图3-30

图3-31　　　　　　　　　图3-32

第十三式　进步双刺

1. 接上势。双脚依次落地，身体略前倾；左腿屈膝跪步，脚跟提起，臀部坐于左腿接近脚跟处，右大腿接近水平，右脚在前，左脚在后；同时，左手握刺收于左腰侧，右手握刺放于右腿内侧（手不触地）；目视下方。（图3-33、图3-33附图）

图3-33 　　　　　图3-33附图

2. 重心上升，身体直立；左脚向前上一步，左腿微屈膝站立，脚尖着地，右腿直立站立，左脚在前，右脚在后；同时，双手握刺向前平刺出，臂与肩同高；目视前方。（图3-34）

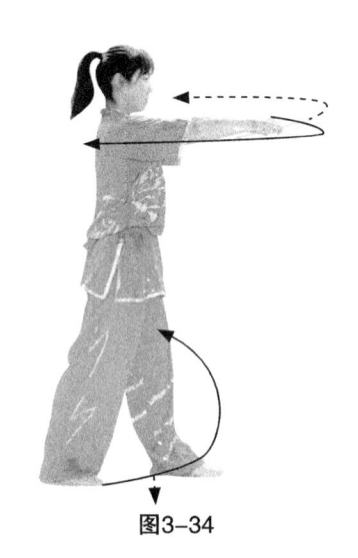

图3-34

3. 左腿直膝，独立支撑，右脚离地，右腿屈膝上提至胸前，脚面绷直，脚尖向下；同时，双手握刺向左右两侧分开，两手臂略弯曲，手心向下；目视前方。（图3-35）

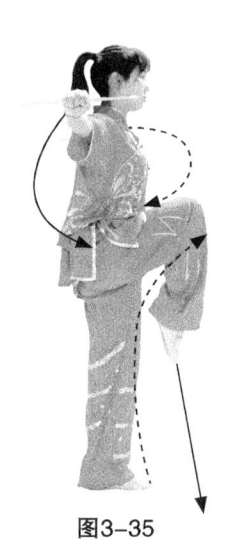

图3-35

4. 身体右转，挺胸、立腰；左腿屈膝，踝关节紧扣于右腿膝关节后腘窝处，右脚下落并往前上一步，右腿直膝，独立支撑；同时，双手握刺收抱于腰间；目视左侧。（图3-36、图3-36附图）

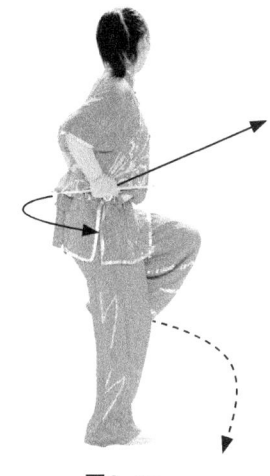

图3-36 　　　　　　图3-36附图

31

5. 身体重心下降；左脚向前迈步，屈膝半蹲，右脚脚跟离地，右腿微屈膝下跪；同时，双手握刺由腰间向前平刺。（图3-37）

【要点】独立支撑要稳定，提膝时身体不能摇晃，上下动作协调统一；前刺时双肘在胸前收紧，两手要同时屈肘迅猛发力，力达刺尖。

图3-37

第十四式　上步立拨刺

接上势。身体左转，重心微下降；左腿屈膝在前，左脚下落至左侧的同时蹬地小跳，并向前上一步，右腿在后，脚跟着地，脚尖斜向前方；同时，双手持刺手心相对，五指张开，向内立转刺；目视前方。（图3-38）

【要点】上步与拨转刺同步完成，腰背部用力收紧，身体重心下降；转刺时两掌心相对，五指用力张开，快速抖腕发力。

图3-38

第十五式　转身左右平刺

1. 接上势。身体重心上升，向右后方转体360°；左脚不动，右脚脚跟离地；同时，左手握刺，直臂向下摆至身体左侧，右手握刺，随转体向上、向右抡臂划弧摆至右前上方；目视前下方。（图3-39）

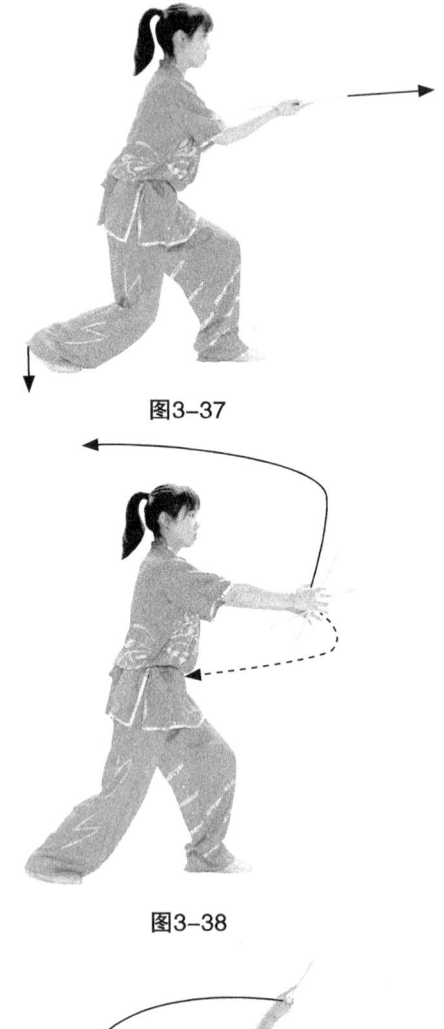

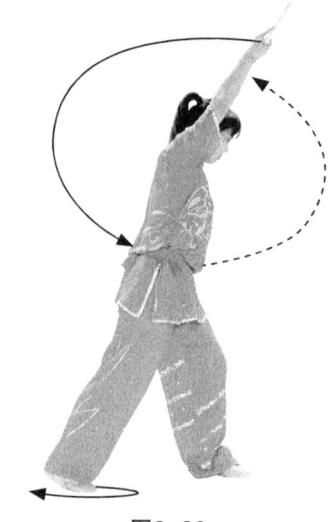

图3-39

2. 上动不停。身体直立向右转；左脚动作不变，右脚向右拧转，脚尖内扣；同时，左手握刺向上摆至左肩侧，向左斜上方刺出，右手握刺，随转体向上、向右，经体前划弧摆至右侧；头向右转，目视右方。（图3-40）

图3-40

图3-41

3. 身体右转，略向前倾；左脚向右拧转，脚尖内扣，脚跟离地，右腿屈膝下蹲，全脚掌快速踏地；同时，左手握刺向上、向前经胸前摆至身体前方，右手握刺收抱于右腰间；目视前方。（图3-41）

4. 上动不停。身体重心不变；左腿屈膝，踝关节紧扣于右腿膝关节后腘窝处，右腿略弯曲；目视左刺方。（图3-42）

图3-42

5. 重心略下降，身体微向左前倾；左脚下落至左前方，脚全掌着地，右脚向左拧转内扣，脚后跟离地，两腿屈膝；同时，左手握刺收抱于左腰间，右手握刺向右前方平刺出；目视右刺前方。（图3-43、图3-44）

【要点】左右手握刺快速抡臂转身，身体保持正直，重心下降；双手交替平刺，重复两次，快速发力，力达刺尖。

图3-43　　　　　　　　　　　图3-44

第十六式　回身云拨刺

1. 接上势。身体重心右转；左腿屈膝下蹲，大腿接近水平，右脚全脚掌着地，脚尖内扣，屈膝下蹲成马步；同时，左手握刺摆至腰背后，右手托刺向右、向上经体前摆至头顶云拨刺；头向右转，目视右下方。（图3-45）

图3-45

2. 上动不停。向右转体180°；左脚向左前上一步，右脚以脚掌为轴转动，两腿屈膝下蹲成马步；同时，左手持刺手心朝下，向左前拨刺，右手握刺收抱于右腰间；目视左刺。（图3-46）

【要点】挺胸立腰，身体顺势转动；云刺时手掌心托平，五指用力张开，手腕快速发力，左右手持刺交替进行。

图3-46

第十七式　虚步立拨刺

1. 身体重心上升，身体向右转；左脚向身体右侧横跨一步，脚尖微外展，右脚原地向右拧转；两手动作不变；目视左刺方。（图3-47）

图3-47

2. 接上势。身体向右转；左脚向右脚并步，两腿直立站；同时，双手握刺收抱于腰间；目视身体正前方。（图3-48）

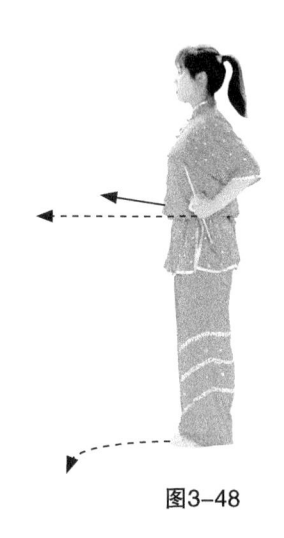

图3-48

35

3. 两脚前后开立，右脚外展45°，右腿屈膝半蹲，左脚尖内扣虚点地，膝微屈，重心落在右腿上；同时，两手握刺向左前推挡，两臂微屈，左手臂略与肩高，右手臂屈肘，右手置于左手肘部位置；同时，五指张开，向内拨转刺；目视左前方。（图3-49、图3-49附图、图3-50）

【要点】挺胸、立腰，虚步稳健；双手掌心相对，双刺与地面平行，抓握刺先做推挡，后双手快速抖腕拨刺转动。

图3-49 　　　　　　　　　　　图3-49附图

图3-50

第二段

第十八式　插步双戳刺

接上势。重心上升，身体右转，上体略向前倾；左脚蹬地的同时两腿震脚交叉，左脚向右后插步，成左插步，前脚掌着地，右腿屈膝下蹲，大腿接近水平，脚掌外展约90°；同时，双手握刺在胸前交叉，随之向身体两侧戳刺，与肩同高，左手略比右手高；头向右转，目视右方。（图3-51、图3-52）

【要点】立腰、转体，重心沉稳；插步与戳刺动作协调统一，双手同时发力，力达刺尖。

图3-51

图3-52

第十九式　缠腿侧踹

1. 接上势。重心上升，身体向左转180°；左脚向左前上一步，脚尖外摆，随之重心移至左脚，左腿伸直独立支撑，右腿屈膝上提至胸前，脚尖勾起内扣；同时，双手握刺交叉于胸前。（图3-53、图3-54）

2. 身体向左倾斜；左腿直膝独立支撑，右腿伸直，脚尖勾起内扣，用脚底向右上踹出；同时双手握刺向身体两侧刺出；目视右侧上方。（图3-55）

【要点】右腿上摆发力，小腿快速内旋收紧，脚尖勾起，踹出腿高于水平，力达脚跟；两臂伸直，头转向踹腿和右手戳刺方向。

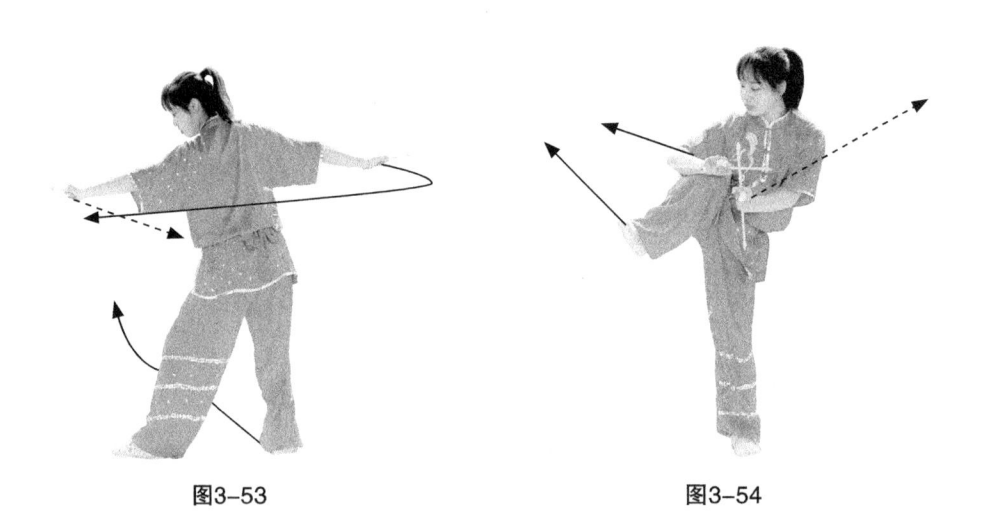

图3-53　　　　　　　　　　图3-54

图3-55

第二十式　后撩腿拨刺

1.接上势。重心下降，身体向左转90°，上体微向前倾；右脚下落至左脚内侧，与左脚并步，两腿屈膝；同时，左手握刺，手心向上，右手握刺随转体放于身体右侧；目视左手刺尖。（图3-56）

2.身体从腰胯开始向前倾斜；重心移至右脚，右腿直膝独立支撑，左腿直腿向后撩起；同时，右手持刺从后向前抡臂转刺，左手向下、向后抡臂转刺，右手在前，左手在左腿上方；目视右刺方。（图3-57）

【要点】后撩腿快速向上发力，有一定的高度；支撑腿不能弯曲，支撑稳定，身体不能晃动；两臂展开同时转刺。

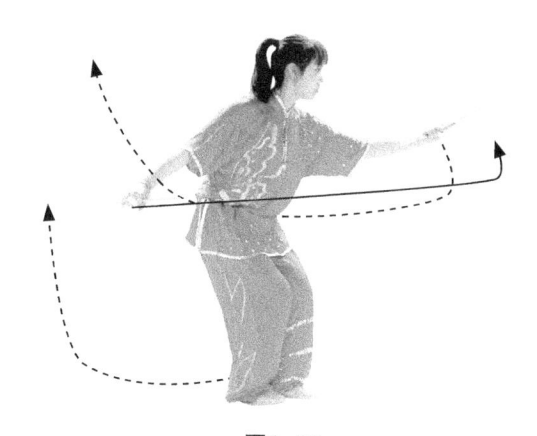

图3-56

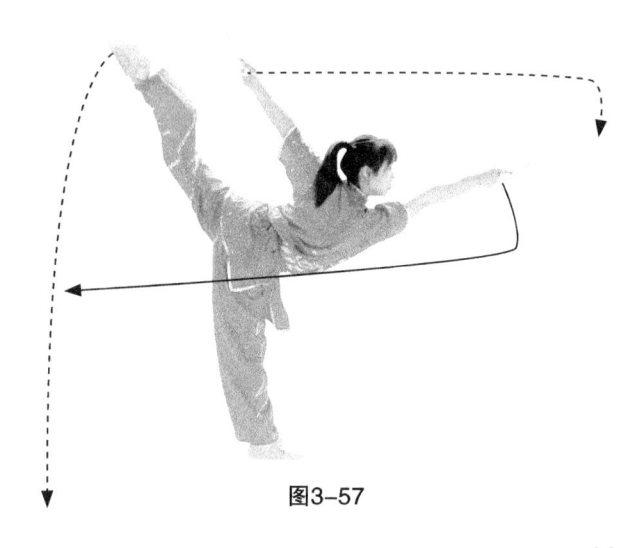

图3-57

第二十一式　抡臂转身正踢腿

1. 接上势。身体重心不变；左脚下落至左后方，脚尖着地，两腿屈膝；同时，左手握刺，从后向前、向上抡臂，与肩同高，右手握刺，直臂摆至身体右下方。（图3-58）

2. 重心上升，身体向左转180°；左脚向左拧转，全脚掌着地，右脚向左拧转，前脚掌着地，两腿直膝站立；同时，左手握刺，向上、向后抡臂划弧摆至后下方，右手握刺，向前、向上抡臂划弧摆至右前上方，两臂伸直；目视前方。（图3-59、图3-60）

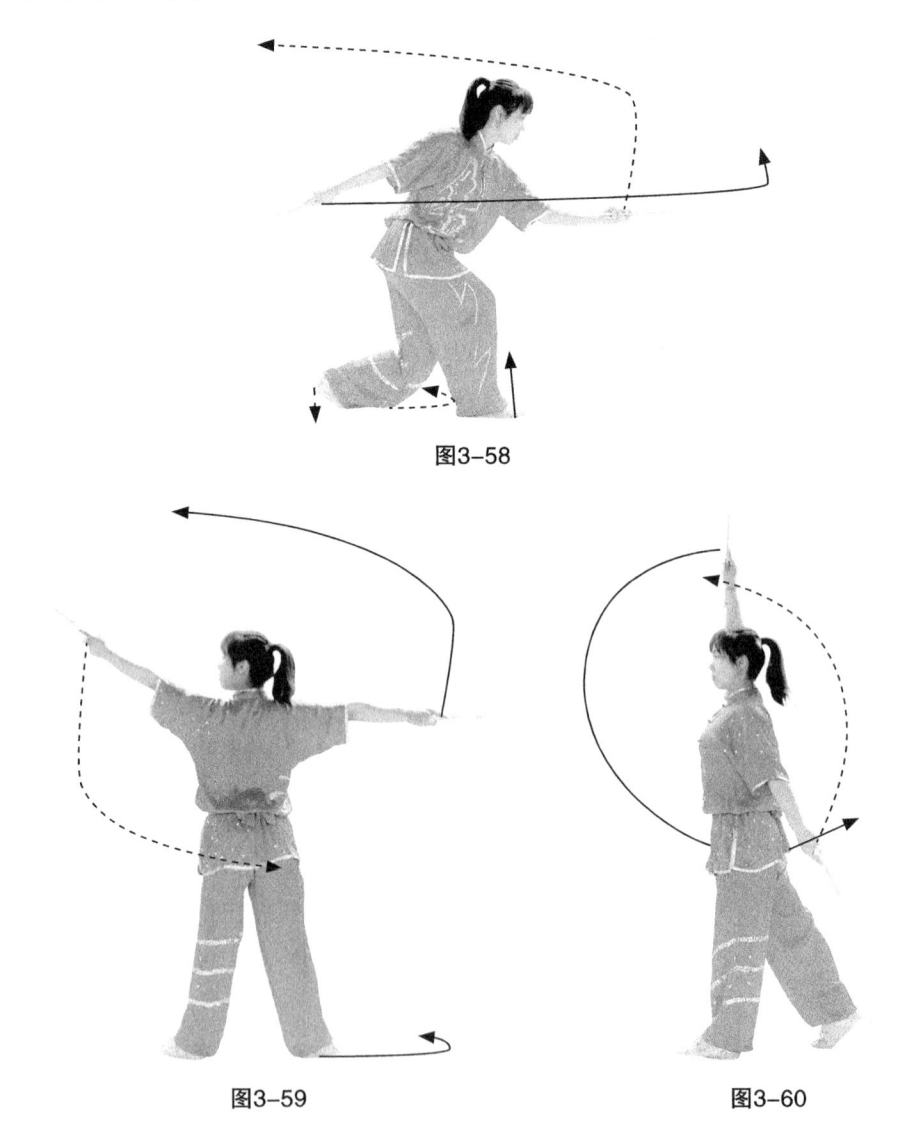

图3-58

图3-59　　　　　　　　　　图3-60

3．上动不停。左脚向前上一小步，左腿直立支撑，重心移至左腿，右脚尖上勾，直腿向头部正踢；同时，左手握刺，直臂向上、向前抡臂划弧停于左上方，右手握刺，直臂向后、向下摆至身体右侧。（图3-61、图3-62）

【要点】两臂随转体贴身立圆抡摆，向上抡臂要贴近耳，向下抡臂要贴近腿；正踢腿要求做到"三直一勾"，用力顺达，迅猛发力。

图3-61　　　　图3-62

第二十二式　回身提膝点刺

1．接上势。右腿自然下落，全脚掌着地，左脚向前上步并拢，两腿屈膝；身体略向前倾；同时，双手握刺交叉于胸前；目视前下方。（图3-63、图3-64）

图3-63　　　　图3-64

2. 重心上升，原地向左跳转180°；右脚全脚掌着地，右腿直膝独立支撑，随之，左腿屈膝上提至胸前，脚面绷平，脚尖向下，身体略向前倾；同时，右手握刺向上、向后抡臂划弧，摆至与肩同高，手腕发力，使刺尖猛向下点出，力达刺尖，左手握刺向左斜上方刺出；头向右转，目视右刺方向。（图3-65、图3-66）

【要点】点刺与提膝同时完成，点刺时手腕上提，轻快发力，力达刺尖下端；挺胸立腰，支撑稳健，动作连贯。

图3-65

图3-66

第二十三式　退步绞刺

1. 上势略停。左脚向左退步，两腿微屈膝下蹲；同时，左手握刺下落，经体侧与右手交叉于腹前，随即，以腕带刺绞动，使右手刺尖沿顺时针方向绕环一周，左手向上翻转，手心向下；目视双刺尖。（图3-67、图3-68）

图3-67　　　图3-68

图3-69

2. 左右脚相继蹬地向后退步，两腿微屈；同时，继续绞动手腕，使左手刺尖沿逆时针方向绕环一周，右手从下向上翻转，手心向下，双手刺尖朝向斜下方；目视双刺尖。（图3-69、图3-70）

【要点】绞刺以手腕为轴，搅动幅度不宜过大，用力顺达，灵活放松，快慢相间；退步与绞刺协调统一，动作连贯。

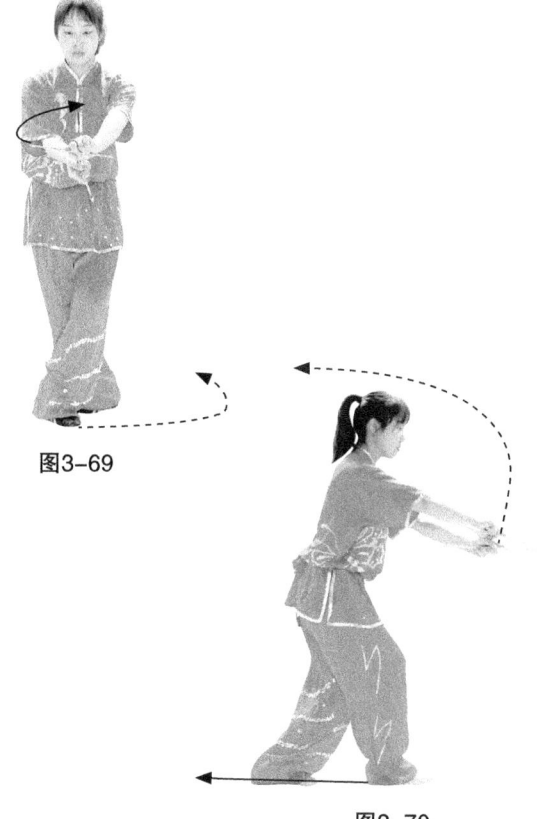

图3-70

第二十四式　退步撩刺

接上势。左右脚相继蹬地向后退步，两腿微屈；同时，右手握刺，向上、向后以肩为轴抡臂划圆弧一周，左手握刺，向上、向后以肩为轴抡臂划圆弧一周，两手臂交替进行，重复两次；目视正前方。（图3-71、图3-72）

【要点】退步与绕臂撩刺协调统一，以肩为轴，由下向上直腕发力，力达刺身前端；身体重心下降，退步保持一条直线。

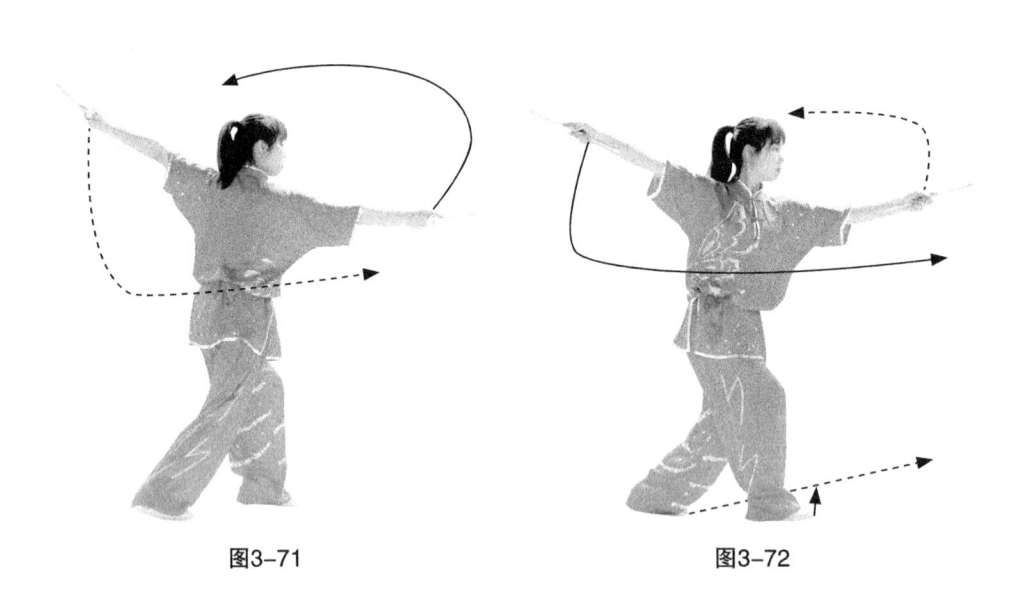

图3-71　　　　　　　　　　图3-72

第二十五式　左上步戳刺

接上势。左脚向左前上一步，脚尖稍内扣，右脚前脚掌着地，两腿微屈膝；同时，右手握刺上提至胸前，向左前平戳刺，手心向上，左手握刺上提至头顶上方，手心向上，两臂屈肘；目视左前方。（图3-73）

【要点】身体重心下降，稍向左拧腰转胯；左手持刺在左上方向外架挡，右手向左前平刺，手臂微屈，手心向上，发力迅猛，力达刺尖。

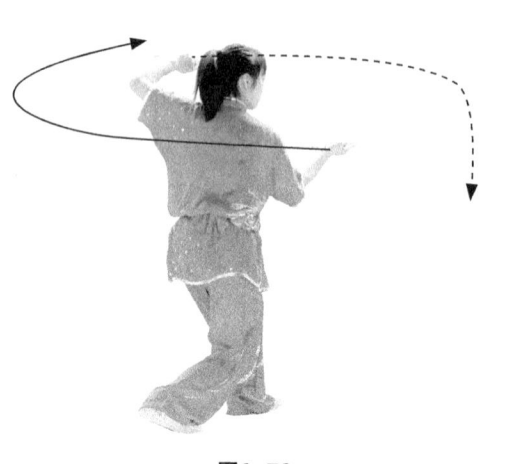

图3-73

第二十六式　右上步戳刺

接上势。右脚蹬地向右前上一步，左脚前脚掌着地，两腿微屈膝；同时，左手握刺上提至胸前，向右前平戳刺，手心向上，右手握刺上提至头顶上方，手心向上，两臂屈肘；目视右前方。（图3-74）

【要点】

身体重心下降，稍向右拧腰转胯；右手持刺在右上方向外架挡，左手向右前平刺，手臂微屈，手心向上，发力迅猛，力达刺尖。

图3-74

图3-75

第二十七式　跪步架戳刺

接上势。左脚向左前上一大步，屈膝半蹲，全脚掌着地，右腿屈膝下跪，脚跟离地，成跪步；同时，右手握刺上提至胸前向左前平戳刺，手心向上，左手握刺上提至头部外侧架挡，手心向外，两臂屈肘；目视左前方。（图3-75）

【要点】上体正直，重心略偏右腿；左手向外架挡与右手向前戳刺同时完成，手臂屈肘，戳刺时发力迅猛，力达刺尖。

45

第二十八式　并步双刺

1. 接上势。右脚向左脚内侧靠拢，随之两脚全脚掌着地，两腿并拢，上体前倾30°左右；同时，双手握刺抱于腰间两侧；目视前下方。（图3-76、图3-77）

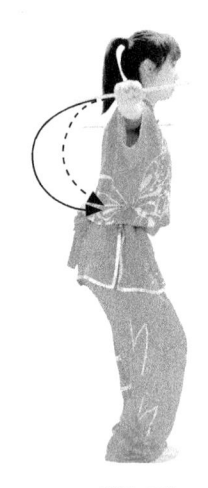

图3-76

图3-77

2. 上体保持不变，两脚并步震脚，两腿屈膝；同时，双手握刺由腰间同时向前平刺，随即两臂屈肘回拽，手心向上；目视正前方。（图3-78）

【要点】并步震脚与双手前刺同时完成，动作连贯；双手紧握，两肘收于腹前，迅猛发力，力达刺尖。

图3-78

第二十九式 转身拨刺

1. 接上势。身体重心移至左腿，左脚前脚掌外摆；同时，右手持刺，由外向左前方平拨刺，左手握刺收于左侧腰间。目视右刺。（图3-79）

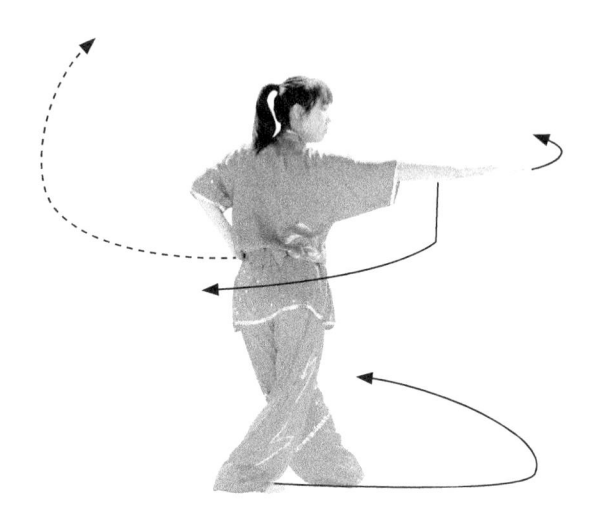

图3-79

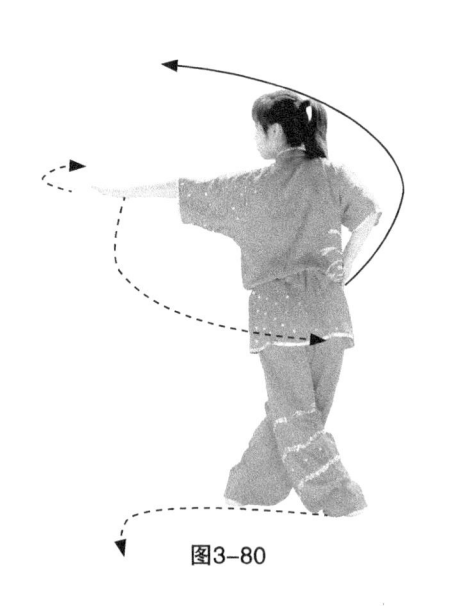

2. 重心保持不变，身体继续左转，右脚向左前方弧形迈步；同时，左手持刺由腰间经外向前平拨刺，右手握刺收于右腰间。（图3-80）

图3-80

3. 重心保持不变，身体继续左转，左脚以脚跟为轴向外摆步；同时，左手握刺收于左腰间，右手持刺由外向前平拨刺；目视右刺。（图3-81）

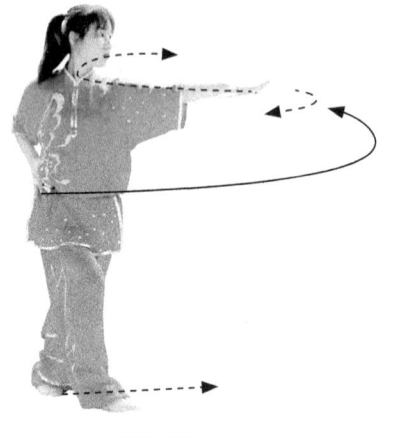

图3-81

图3-82

4. 重心保持不变，身体继续左转，右脚向左前方弧形迈步，脚尖内扣；同时，左手持刺由外前方平拨刺，右手握刺收于右侧腰间。（图3-82）

【要点】左右腿交替摆扣走圈，身体旋转360°，左右手共拨刺四次；以腰拧转带动手臂，手腕发力，手掌平展，收放自如；用力顺达，眼随刺动。

48

第三十式　上步提拨刺

1. 接上势。重心左移，左脚向前方上步；同时，两臂手心向下、向内划弧形，两手持刺向前平拨刺。（图3-83）

图3-83

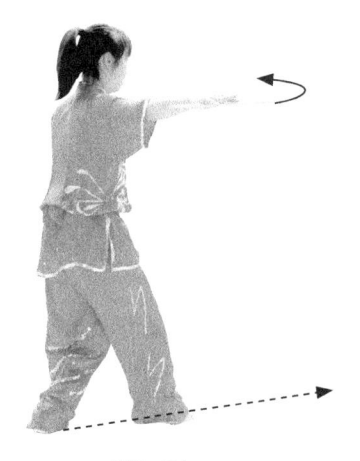

图3-84

2. 重心右移，右脚向前方上步；同时，两臂手心向下、向内划弧形，两手持刺向前平拨刺。（图3-84）

3. 重心左移，左脚向前方上步；同时，两臂手心向下、向内划弧形，两手持刺向前平拨刺。（图3-85）

【要点】重心保持平稳，左右脚上步自如；双臂微屈肘，手臂、手腕协调统一，柔顺发力，双手划圆拨刺共完成3次。

图3-85

第三十一式　回身跳步戳刺

1. 接上势。重心上升，右脚向右前方上步；同时，两手继续持刺拨动；目视前方。（图3-86）

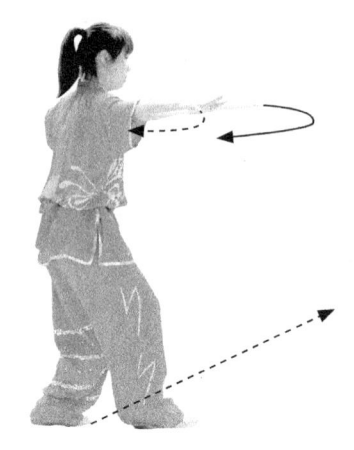

图3-86

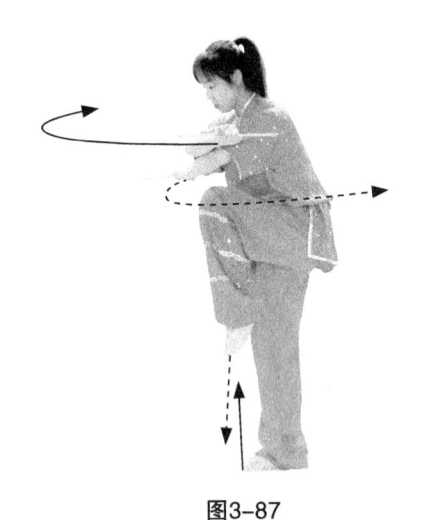

2. 重心稍向上升起；左脚离地，左腿提膝，右脚脚尖内扣迈步，同时，身体向右后方旋转180°，上体稍前倾；两手握刺于胸前交叉；目视下方。（图3-87）

图3-87

3. 左腿原地下落，全脚支撑，右脚蹬地，屈膝上提，脚尖朝下；同时，两手握刺手心朝下，向身体两侧戳刺；目视前方。（图3-88）

【要点】原地快速蹬地转身，空中换腿，提膝拧腰转胯，上体始终保持直立；连贯动作上下协调，转换自如，用力顺达。

图3-88

第三十二式　坐盘戳刺

1. 接上势。身体直立，重心保持不变；右脚向前落步，脚尖稍内扣；目视前方。（图3-89）

图3-89

2. 身体向左后方旋转90°，上体直立，重心下移；左脚掌外摆向前上步，左腿屈膝下蹲，右腿屈膝下蹲；同时，两手于胸前交叉，左手屈肘，右手回身内旋；头随身体转动，目视左下方。（图3-90）

图3-90

3. 身体向左后方继续旋转180°，分腿站立；左脚以脚跟为轴拧转，右脚向左前方上步，两腿在一条直线；同时，左手握刺，手心朝下，左臂向外水平划刺，右手握刺，手心朝下，右臂经头上方水平划刺，双臂平摆分开。（图3-91）

图3-91

4. 身体继续向左后方旋转180°，重心下移，两腿屈膝交叉站立；左脚脚掌外摆，以脚跟为轴转动，右脚脚跟离地，以前脚掌为轴转动；同时，左手握刺放于头顶上方，右手握刺屈肘放于胸前，手心向内；目视右下方。（图3-92）

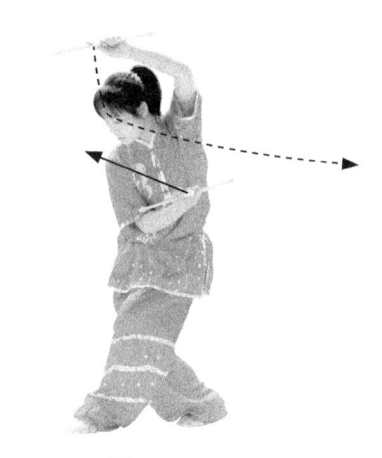

图3-92

5. 向左方稍转体，重心下降；两腿屈膝靠拢，交叉盘坐，左腿在上，脚尖外展，右腿在下，小腿外侧着地；左手握刺，直臂向左上方戳刺，右手握刺，屈臂于胸前向左上方戳刺；目视左刺尖。（图3-93）

【要点】旋转时身体保持直立，拧腰转胯，手臂平行划圆；坐盘时臀部坐于地面，两腿紧扣盘叠，不能松散，上体左高右低，拧腰发力，力达刺尖。

图3-93

第三十三式　右虚步拨刺

1. 接上势。身体直立，重心上升；左脚脚跟离地，右脚全脚着地，右腿膝关节微屈；同时，左手握刺顺势向下，刺尖朝下，右手握刺抱于胸前。（图3-94）

图3-94

2. 身体直立，向右转体180°；左脚向左后方迈步，脚掌外摆30°左右，右腿微屈站立；同时，左手握刺放于体前，右手握刺放于体侧。（图3-95）

图3-95

3. 重心下移，上体立直；左腿屈膝下蹲，全脚支撑，右腿稍屈膝，右脚脚尖向左前方落地，成右虚步；同时，两手持刺于胸前，右上、左下，同时立拨刺；目视双刺。（图3-96、图3-96附图）

【要点】挺胸塌腰，上体直立，身体重心落于左腿，两腿膝盖内扣；两手臂放平，掌心相对，同时抖腕发力，快速拨刺。

图3-96 　　　　图3-96附图

第三十四式　左虚步拨刺

1. 接上势。重心右移，向右转体90°；右脚向右后方迈步，脚掌外摆30°左右，左腿微屈站立；同时，右手握刺放于体前，左手握刺放于体侧。（图3-97）

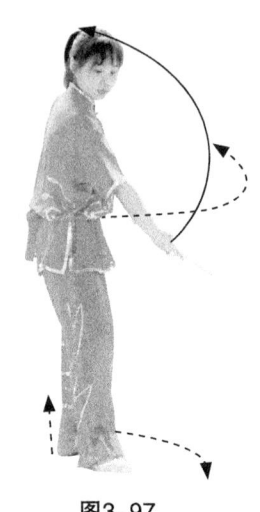

图3-97

2. 重心下移，上体立直；右腿屈膝下蹲，全脚支撑，左腿稍屈膝，左脚脚尖向前右方落地，成左虚步。同时，两手持刺于胸前，左上、右下，同时立拨刺。目视双刺。（图3-98、图3-99）

【要点】挺胸塌腰，上体直立，身体重心落于右腿，两腿膝盖内扣；两手臂放平，掌心相对，同时抖腕发力，快速拨刺。

图3-98 　　　　图3-99

第三十五式　抡臂挂刺

1．接上势。重心上升，身体直立左转90°；左脚向左前方迈步，右脚前脚掌支撑。同时，两手握刺拳心相对，直臂上摆于头部上方。（图3-100）

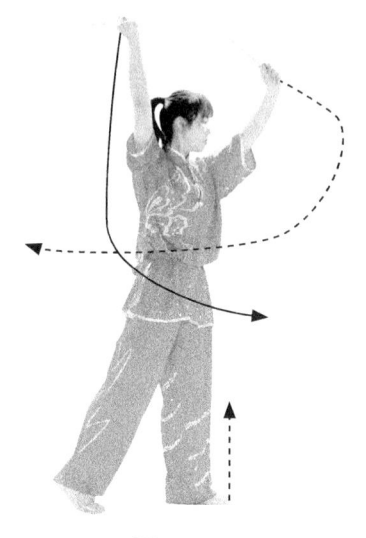

图3-100

图3-101

2．身体重心移至右脚，上体稍前倾左转；左脚离地，左腿提膝，右脚全脚掌撑地，右腿支撑站立；两手握刺，同时由上向左下挂刺；目视下方。（图3-101）

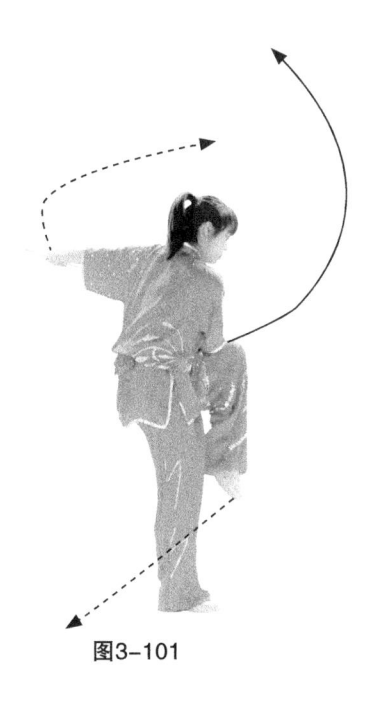

3．重心向前落于右腿，身体微向右转；左腿向后方落脚，右腿支撑站立；同时，两手握刺拳心相对，直臂上摆于头部上方。（图3-102）

图3-102

峨眉刺 峨眉枪

4.身体重心移至左腿，上体稍前倾右转；右脚离地，右腿屈膝，左脚全脚掌撑地，左腿支撑站立；同时，两手握刺，同时由上向右下挂刺。目视下方。（图3-103）

【要点】抡臂贴身立圆，以肩为轴，拧腰转胯，两手刺尖向后；手臂抡挂与左右提膝协调配合，用力顺达，眼随手动。

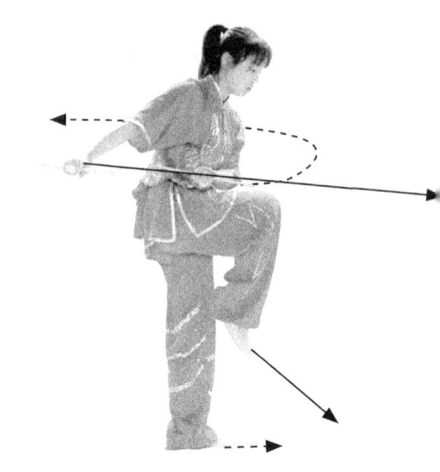

图3-103

图3-104

第三十六式　马步平刺

接上势。身体重心下降，上体直立左转；左脚脚掌微外展落步，右脚向前上步，脚掌内扣，两腿屈膝下蹲成马步；同时，两手握刺于胸前向右侧平刺；目视右刺方。（图3-104）

【要点】挺胸塌腰，身体重心稍向左移，右手端平稍屈肘，手心向上；左手屈肘，手心向下，朝同一方向快速发力，劲力充足，力达刺尖。

第三段

第三十七式　进步平拨刺

1. 接上势。重心上升右移，向右转体90°，上体直立；左脚上步，脚跟离地，膝盖弯曲下跪，右脚脚掌外展，屈膝下蹲，大腿趋于水平；同时，左手持刺向体前拨刺一次，手心向下，右手握刺回收于腰间抱刺；目视左刺。（图3-105）

2. 身体左转，重心移向左腿，上体保持直立；左脚向左前方迈步，全脚掌撑地，屈膝下蹲，大腿趋于水平，右脚脚跟离地，屈膝下跪；同时，左手持刺手心向下，由体前向体侧拨转，右手持刺手心向下，由腰间向体前拨刺一次；目视右刺。（图3-106）

3. 身体右转，重心移向右腿，上体保持直立；左脚脚跟离地，屈膝下跪，右脚脚掌外摆，全脚掌支撑，屈膝下蹲；同时，左手手心向下，持刺向前拨刺一次；右手手心向下，持刺在体侧拨转；目视左刺。（图3-107）

【要点】挺胸立腰，拧腰转胯，身体重心转换自如；拨刺时以臂带腕，五指平展，迅猛发力，双刺要快速持续转动。

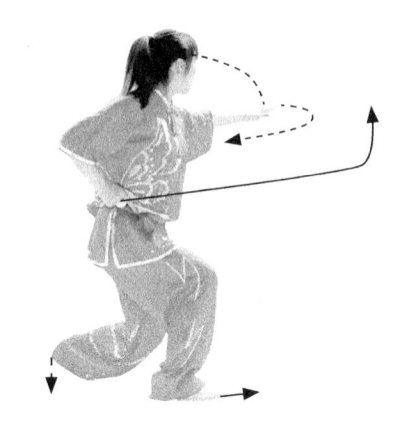

图3-105

图3-106

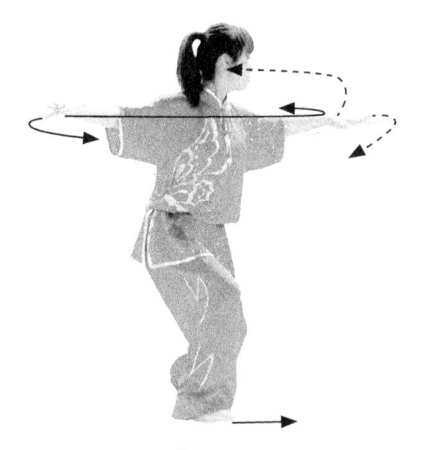

图3-107

第三十八式　跪步拦刺

接上势。身体左转，重心移至左腿，上体直立；左脚向左前方迈步，脚尖微内扣，全脚掌着地，左腿屈膝下蹲，右脚脚跟离地，脚尖内扣，随左脚迈步前移半步，右腿屈膝下跪；同时，左手握刺手心向下，手臂微屈，在左前方拦挡，右手握刺，向左前方与左刺交叉，左手外、右手内做拦刺；目视刺方。（图3-108）

【要点】上体挺胸立腰，右腿膝盖不能跪地，身体重心落于右腿；拦刺时以腰带臂，拧转发力，两手用力抓握，双刺同时交叉，迅猛发劲。

图3-108

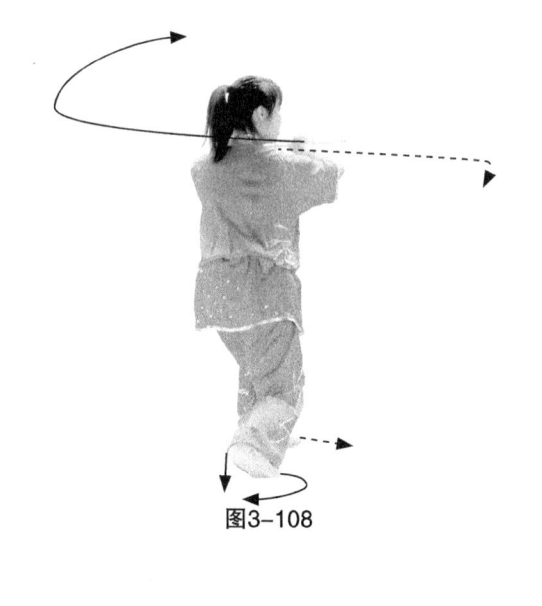

图3-109

第三十九式　上步架刺

接上势。身体重心保持不变，微向右转；左脚脚跟离地，左腿屈膝下跪，右脚向右前方迈步，脚尖微内扣，全脚掌撑地，右腿屈膝下蹲，大腿趋于水平；同时，左手握刺手心向上，微屈肘，经胸前向右前方刺出，右手握刺手心向外，架挡于头顶上方；目视右前方。（图3-109）

【要点】挺胸立腰，拧腰转胯，身体重心落于右腿，两腿虚实分明；两手一架、一刺，动作协调，技法清楚，用力顺达。

第四十式　左右旋转云拨刺

1. 接上势。身体重心右下移，上体微向左转；左脚向前上步，脚尖微内扣，双腿屈膝半蹲；同时，左手握刺手心向上，放于右侧腰间，右手握刺放于腰背处；目视左前方。（图3-110）

图3-110

2. 重心上升，上体直立，向左转体180°；左腿站直，左脚以前脚掌为轴转动，右腿向左腿并拢，以脚掌为轴转动；同时，左手持刺手心向上，由腰间经体前向头顶云拨，右手持刺手心向下，随转体向右前拨刺；目视右刺方。（图3-111）

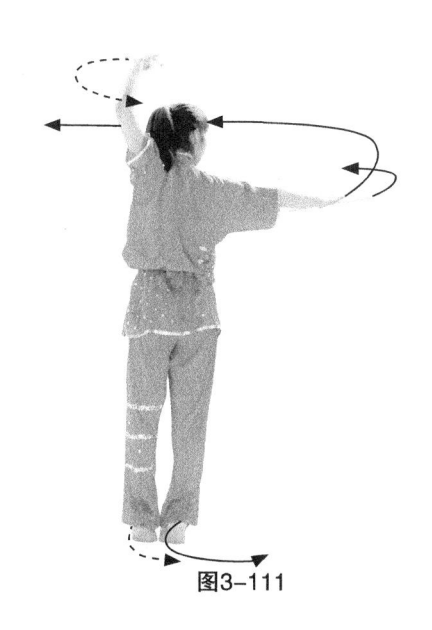

图3-111

3. 重心保持不变，身体继续向左后方旋转180°。（图3-112）

图3-112

4. 身体重心下移，上体向左拧转前倾；左脚向左上，全脚掌撑地，脚尖微内扣，屈膝下蹲，右脚脚跟离地，屈膝跪地；同时，左手持刺，由上向下旋转，放于腰背处，右手持刺，经体前向左下方旋转，放于左腰间；目视左下方。（图3-113）

图3-113

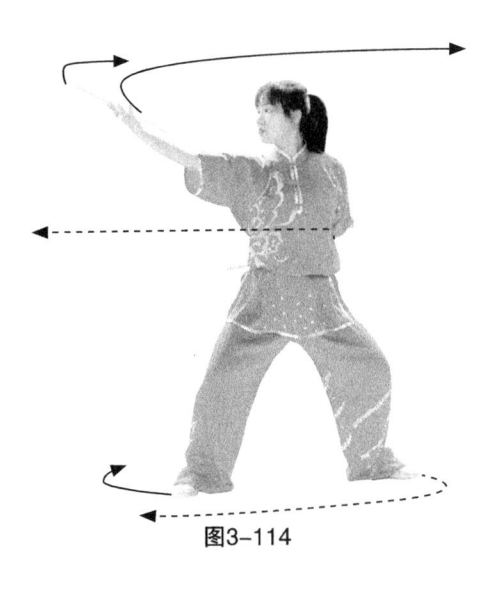

5. 重心上升，身体向右转；左腿微屈站立，右脚原地脚掌外摆30°左右，右腿微屈开立；同时，左手保持不变，右手持刺手心向上，经胸前向右侧拨刺；目视右刺。（图3-114）

图3-114

6. 重心上升，身体右转180°；左腿向右腿并拢，以脚掌为轴转动，右腿站直，右脚以前脚掌为轴转动；同时，左手持刺手心向下，随转体向左前拨刺，右手持刺手心向上，在右上方云拨。（图3-115）

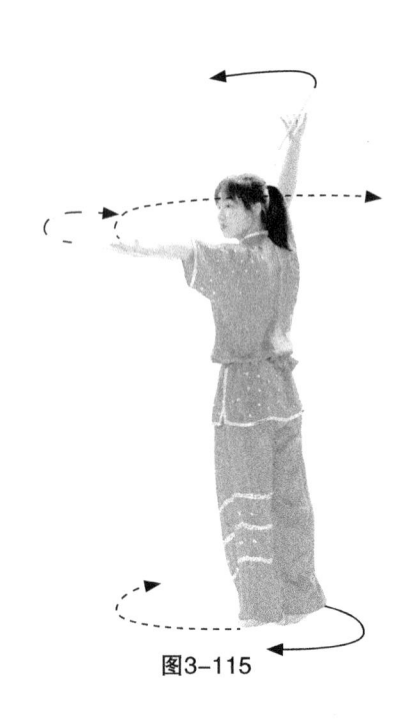

图3-115

7. 重心保持不变，身体继续向右后方旋转180°。（图3-116）

【要点】身体左右旋转，以两脚前脚掌为轴，立腰转胯，重心高低起落有致；转腰带臂，平拨刺要快速向内抖腕发力，云拨刺要快速向外抖腕发力，左右手协调配合，用力顺达，双刺快速持续转动。

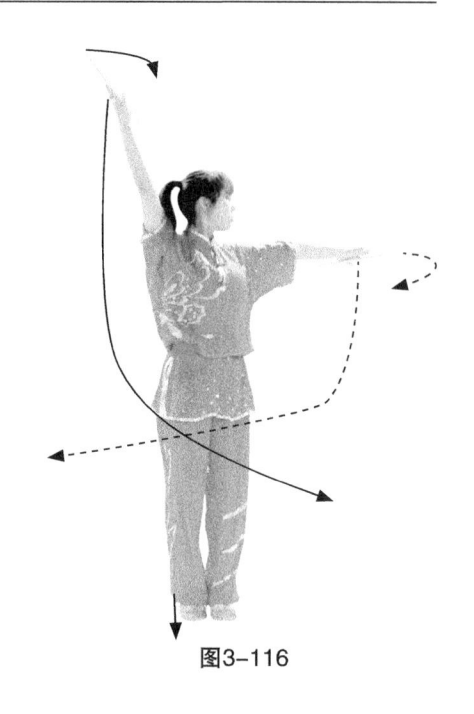

图3-116

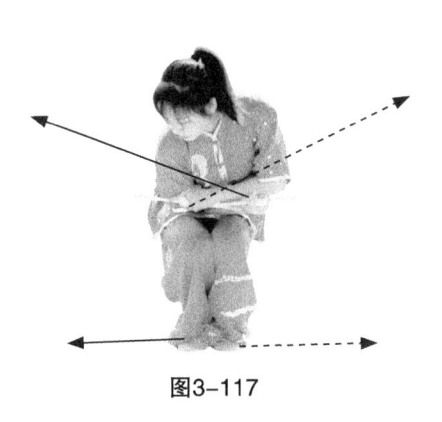

图3-117

第四十一式　劈叉立拨刺

1. 接上势。身体重心下移，上体前倾；左脚全脚掌着地，左腿屈膝下蹲，右腿屈膝全蹲，两脚并拢；同时，两手握刺左上、右下，两手心相对收于胸前；目视右下方。（图3-117）

2. 身体重心下落，上体保持直立；左腿直膝在后，右腿直膝向前下落，脚尖上勾，成右竖叉；同时，左手握刺向左后平刺，右手握刺向右前平刺；目视右刺方。（图3-118）

图3-118

61

3. 腿部动作保持不变；两手持刺同时立转刺；目视右刺方。（图3-119）

【要点】挺胸、立腰、沉髋，上体始终保持正直，劈叉要求同时完成，两腿成一条直线；两手握刺先做平刺，后快速拨刺，双手要同步，动作一致。

图3-119

图3-120

第四十二式　转身右穿刺

1. 接上势。重心上升，上体保持直立；左腿回收屈膝半蹲，右腿回收，屈膝半蹲，两脚并拢；同时，两手握刺保持不变；目视右刺方。（图3-120）

2. 重心上升，身体转向左侧，上体立直；左脚脚尖外摆，向左迈出一步，右腿随之站直；同时，两手握刺随两臂展开；目视左刺。（图3-121）

图3-121

62

3. 重心下移，身体向左继续转动180°，上体前倾；左脚脚尖外摆，屈膝半蹲，右脚脚尖微内扣上步，与左脚呈一条直线，屈膝半蹲成马步；同时，两手握刺，屈肘交叉抱于胸前；目视右下方。（图3-122、图3-122附图）

图3-122 　　　　　　　　　　图3-122附图

4. 身体重心右移，上体右倾；左腿伸直，全脚掌着地，右腿屈膝半蹲，成右弓步；同时，左手握刺手心向下，屈肘抱于胸前，右手握刺，经向右上方穿刺；目视右刺尖。（图3-123、图3-123附图）

【要点】身体与器械转换自如，两手握刺协调配合，用力顺达，刚柔并济，眼随刺走。

图3-123 　　　　　　　　　　图3-123附图

第四十三式　左穿刺

1. 接上势。身体重心向左移；左腿屈膝半蹲，右腿膝盖内收；左手握刺，手心转向内，刺尖朝向左侧，右手握刺手心向外，经上向左下方穿刺。（图3-124、图3-124附图）

2. 身体重心向左移，上体左倾；左腿屈膝半蹲，右腿直膝伸直；同时，左手握刺，经胸前向左上穿刺，右手握刺手心向下，屈肘放于左胸前；目视左刺尖。（图3-125、图3-125附图）

【要点】拧腰转胯，眼随刺走，步型转换与左右穿刺配合协调，用力顺达。

图3-124 　　　　　　　　　图3-124附图

图3-125 　　　　　　　　　图3-125附图

第四十四式　仆步穿刺

1. 接上势。身体重心向右腿移动，上体右倾；左腿挺膝伸直，右腿屈膝半蹲，成右弓步；同时，左手握刺手心向外，刺尖朝下经头顶向右下方穿刺，右手握刺手心向外，刺尖朝下经头顶向右下方穿刺；目视右下方。（图3-126、图3-126附图）

2. 身体重心继续下移；左腿平铺伸直，左脚内扣，全脚掌着地，右腿屈膝全蹲；同时，两手握刺，刺尖朝前，随重心移动由右向左穿刺；目视双刺。（图3-127、图3-127附图）

【要点】身体重心快速移动，步法转换自如，双手握刺协调配合，刺尖朝同一个方向，用力顺达，眼随刺动。

图3-126 　　　　　图3-126附图

图3-127 　　　　　图3-127附图

第四十五式　立身拨刺

接上势。身体重心左移上升，上体微向左转；左腿挺膝直立，右腿随重心移动向内回半步，脚跟离地，脚尖触地；同时，左手持刺在前上方拨刺，右手持刺在胸前方拨刺，两手心相对，指尖朝前；目视双刺。（图3-128、图3-128附图）

【要点】左实右虚站立，身体充分向左上方舒展，挺胸立腰；双手直臂左上举，在最高点抖腕拨刺，两手用力顺达，刺身快速转动。

图3-128 　　　　　　　　　　图3-128附图

第四十六式　虚步抱刺

接上势。身体重心下移，上体前倾45°左右；右腿屈膝下蹲，全脚掌着地，左腿屈膝，脚跟离地，成左虚步；同时，两手握刺，手心向上，屈肘抱刺收于腹前；目视双刺。（图3-129、图3-129附图）

【要点】身体重心快速转换，团身收紧，手脚同时到位；上体含胸收腹，双手用力握刺，定势发寸劲，两手臂紧贴身体。

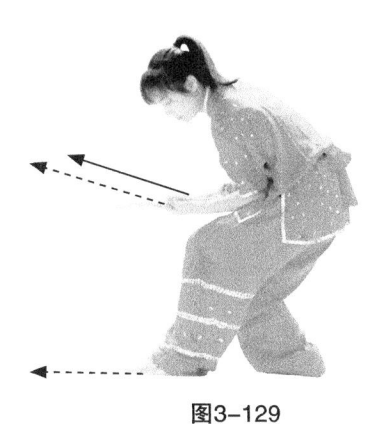

图3-129　　　　　　　　　图3-129附图

第四十七式　进步前刺

接上势。身体重心上升，上体直立；左脚向前方迈步，全脚掌着地，脚尖微内扣，右腿屈膝下蹲；同时，两手握刺手心向上，向前刺出；目视前方。（图3-130、图3-130附图）

【要点】挺胸立腰，两脚用力抓地，身体重心在两腿之间；两手同时向前平刺，迅猛用力，力达刺尖。

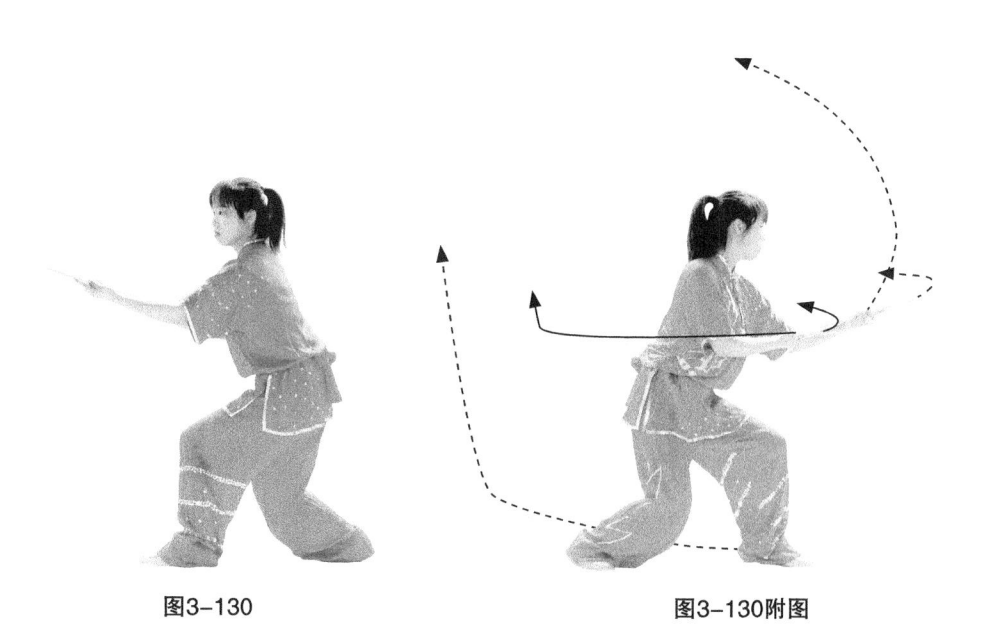

图3-130　　　　　　　　　图3-130附图

67

第四十八式　望月拨刺

接上势。重心上升，身体右转180°；右脚以前脚掌为轴向右转动，右腿直膝站立，独立支撑，左腿屈膝收提小腿控于体后，左脚面绷平，左脚底向上；同时，左手持刺手心向前，摆至左上方拨刺，右手持刺手心向前，于右侧方拨刺；目视右方。（图3-131、图3-131附图）

【要点】望月平衡要求支撑腿不能弯曲，支撑脚用力抓地，后摆腿屈膝、抬高；拧腰转胯，挺胸塌腰，上体尽量立起，两手臂舒展大方。

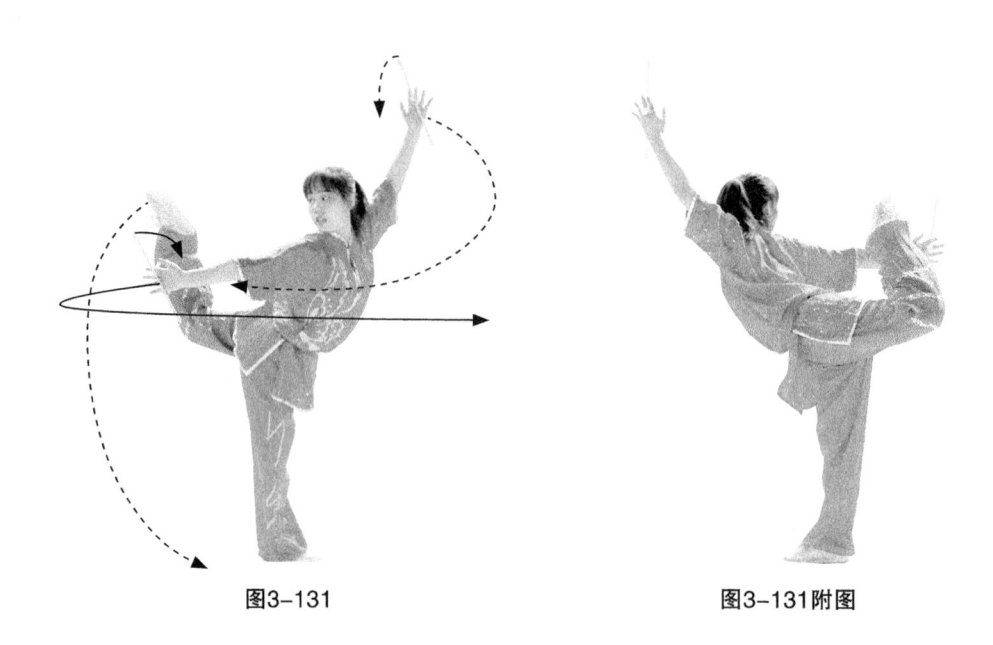

图3-131　　　　　　　　图3-131附图

第四十九式　跪步戳刺

接上势。身体重心下移，微向右转；左脚在左侧落步，脚跟离地，左腿屈膝下跪，膝盖不要触地，右脚向右前方迈步，屈膝下蹲，大腿接近水平，成左跪步；同时，左手握刺手心向下，向左后方戳刺，右手握刺手心向下，由胸前向右前方戳刺。（图3-132、图3-132附图）

【要点】挺胸塌腰，拧腰转胯，戳刺与跪步同时到位；双手协调配合，劲力充足，力达刺尖。

图3-132

图3-132附图

第五十式 退步平拨刺

1. 接上势。身体重心上升，上体直立，微向右转；左、右腿随重心升高屈膝站立；同时，左手持刺手心向下，向左前方平拨刺，右手握刺收抱于右侧腰间；目视左前方。（图3-133）

2. 身体重心保持不变，上体微向左转；右脚向右后方退一步，脚跟离地，右腿屈膝半蹲，全脚掌着地；同时，左手握刺收抱于左侧腰间，右手持刺手心向下，由腰间向前划弧平拨刺；目视右前方。（图3-134）

【要点】退步与两手拨刺要协调统一，拧腰转胯，重心不要有起伏；用力顺达，动作连贯，眼随手动。

图3-133

图3-134

69

第五十一式　并步架挡

1. 接上势。身体重心微上升，上体稍前倾；左脚向右脚方退步，右脚与左脚并拢，屈膝半蹲；同时，两手握刺抱于腰间两侧。（图3-135）

图3-135

2. 身体重心下移，上体前倾；两腿并步震脚，屈膝下蹲；同时，两手握刺，从腰间向头前方架挡，左外、右内两刺身交叉；目视下方。（图3-136、图3-136附图）

【要点】震脚与架刺同时完成，协调配合；挺胸、塌腰、埋头，双刺推挡快速用力。

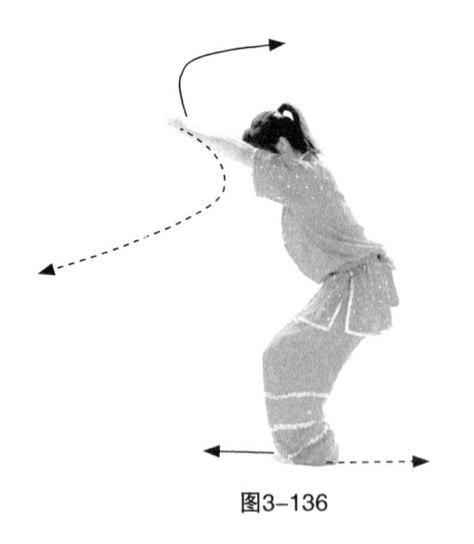

图3-136　　　　　图3-136附图

第五十二式　插步戳刺

1. 接上势。身体重心微上升；左脚向后方退步，右脚向前方上步，右腿屈膝半蹲；同时，两手握刺，由头上方经前向左后方抡臂挂刺；目视斜下方。（图3-137）

图3-137

图3-138

2. 重心不变，上体微向右转；两腿左后、右前站立；同时，两手握刺，由后经上，向右下方抡臂挂刺。（图3-138）

3. 重心向右腿移动，上体微前倾左转；左腿挺膝伸直，左脚全脚掌着地，脚尖斜向45°，右腿半蹲，大腿接近水平；同时，两手握刺向左后方抡臂，左刺摆至左后方，右刺收于左肩处；目视下方。（图3-139）

图3-139

71

峨眉刺　峨眉枪

4. 身体重心下降，上体微向右转；左脚向右后方插步，膝盖挺直，脚跟离地，右腿屈膝下蹲，大腿接近水平，全脚掌着地；同时，左手握刺手心向上，由左向右下方戳刺，右手握刺手心向下，由左前向右下方戳刺；目视右刺尖。（图3-140）

【要点】后插步尽量降低身体重心；左右挂刺抡臂呈立圆，拧转要自如；两手握刺先挂后戳，方法清楚，力达刺尖。

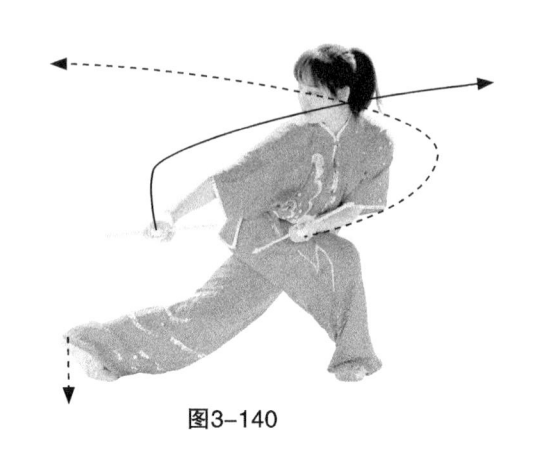

图3-140

第四段

第五十三式　翻身跳点刺

1. 接上势。身体重心上升，向左后转体180°；左脚以前脚掌为轴，右脚摆扣脚尖，两腿直立；同时，两手握刺，经体前抡臂顺时针划弧于两侧；目视前方。（图3-141）

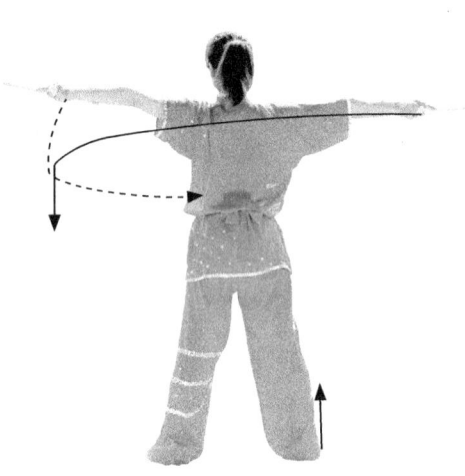

图3-141

2. 身体重心下移，继续向左转体180°；左脚以脚跟为轴，右脚以脚掌为轴，两腿交叉站立；同时，左手握刺，左臂屈肘，右手握刺向下抡臂；目视前下方。（图3-142）

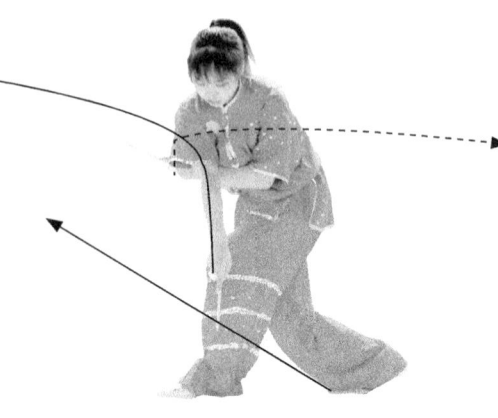

图3-142

3. 身体重心上升，上体直立。左脚全脚掌着地，左腿挺膝站直，右腿屈膝上提，小腿收紧，脚尖朝下；同时，两手握刺，向外抡臂于身体两侧。（图3-143）

图3-143

图3-144

4. 身体重心保持不变；左脚原地蹬地，屈膝上提，右脚自然下落，直腿站立；同时，左手握刺抡臂向左点刺，右手握刺抡臂向右点刺；目视右刺。（图3-144）

【要点】挺胸塌腰，拧腰转胯，身体旋转到位；抡臂要上下呈立圆，点刺与跳步协调统一，点刺要力达刺尖下部。

第五十四式　上步平刺

1. 接上势。重心下移，上体向左转；左脚向前迈出一步，屈膝下蹲，右脚掌内扣，脚跟离地；同时，左手握刺收抱左侧腰间，右手握刺经腰间向前刺出；目视前方。（图3-145）

图3-145

2. 身体重心微向右转下移；左脚脚尖内扣落正，左腿屈膝下蹲，右脚脚尖外摆落正，右腿屈膝下蹲；同时，左手握刺抱于腰间，右手握刺手心向下，由体前向右侧划弧。（图3-146）

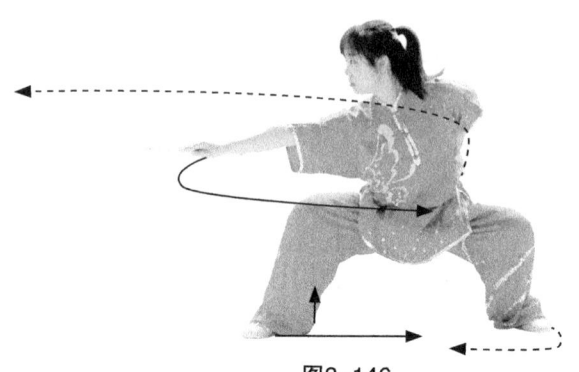

图3-146

3. 身体重心上升，向右转体90°；左脚脚掌内扣，左腿直膝站立，右脚脚跟离地，脚尖触地，收腿站立；同时，左手握刺向前刺出，右手握刺收于右侧腰间。（图3-147）

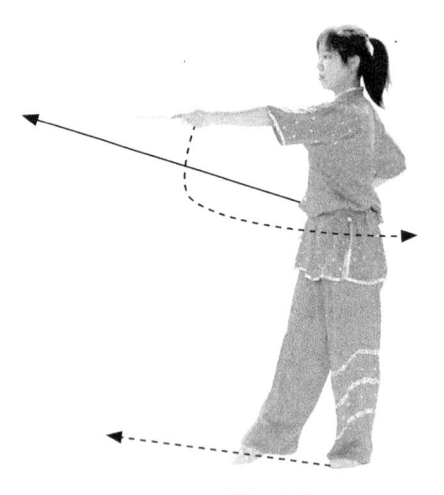

图3-147

4. 身体重心下降；左脚向前上步，屈膝下蹲，右脚全脚掌着地，微屈膝；同时，左手握刺收于左侧腰间，右手握刺向前刺出；目视右刺。（图3-148）

图3-148

5. 身体重心不变；左脚脚跟离地，左腿屈膝下跪，右脚向前上步，屈膝下蹲；同时，左手握刺向前刺出，右手握刺收于右侧腰间；目视左刺尖。（图3-149）

【要点】上步与左右手平刺要协调配合，动作连贯，用力顺达，力达刺尖。

图3-149

图3-150

第五十五式　腾空弹腿前刺

1. 接上势。身体重心上升；左腿提膝，右腿支撑站立；同时，左手握刺收抱于左腰间，右手握刺向前刺出。（图3-150）

2. 重心上升，身体随起跳向上腾空跃起；左脚自然下落，左腿支撑站立，右脚蹬地，右腿屈膝，小腿收紧，脚尖朝下；同时，左手握刺向前刺出，右手握刺收抱于右腰间。（图3-151）

图3-151

3. 重心保持不变；左脚自然下落，左腿支撑站立，右腿向前弹出，膝盖挺直，脚尖朝前；目视前方。（图3-152）

【要点】上下动作协调一致，起跳要快速蹬地，身体要腾空；弹腿时力达脚尖，前刺时劲力充足，力达刺尖。

图3-152

图3-153

第五十六式　提膝穿刺

1. 接上势。身体重心下降，上体微前倾；左腿屈膝下跪，左脚脚跟离地，右腿屈膝下蹲，大腿接近水平；左手握刺平放，右手握刺抱于腰间；目视左刺。（图3-153）

2. 身体重心上升，上体右倾；左腿屈膝上提，脚尖朝下，右脚全脚掌着地，右腿独立支撑；同时，左手握刺，屈肘收于右肩处，右手握刺，由腰间向右上方穿刺；目视右刺尖。（图3-154）

【要点】上体随穿刺动作尽量向右倾斜，右腿膝盖不能弯曲，支撑稳定，提膝腿小腿向内收紧；穿刺动作用力顺达，节奏分明，眼随手动。

图3-154

第五十七式　丁步戳刺

1. 接上势。身体重心下降；左脚向左侧迈步，左腿屈膝下蹲，右腿屈膝下蹲；同时，两手握刺，两臂于胸前交叉；目视斜下方。（图3-155）

图3-155

2. 身体重心上升，上体挺胸后仰；两腿开立站直；同时，左手握刺，经右向左，左手握刺，经左向右，水平划弧；目视上方。（图3-156、图3-156附图）

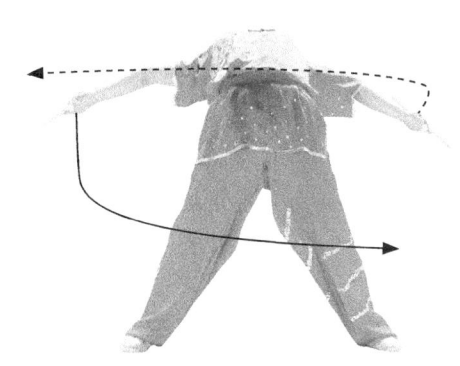

图3-156

图3-156附图

77

3. 身体重心下降，上体微前倾；两腿屈膝半蹲成马步；同时，两手握刺从两侧收于胸前交叉，左刺在上，右刺在下；目视右下方。（图3-157）

图3-157

4. 身体重心右移，上体微右转；左脚收于右脚内侧，脚尖触地，右脚全脚掌着地，右腿屈膝下蹲；同时，左手握刺向左上方戳刺，右手握刺向右下方戳刺；目视右方。（图3-158）

【要点】戳刺与丁步下蹲同时完成；挺胸、塌腰，重心沉稳；定势动作劲力充足，精神饱满，戳刺力达刺尖。

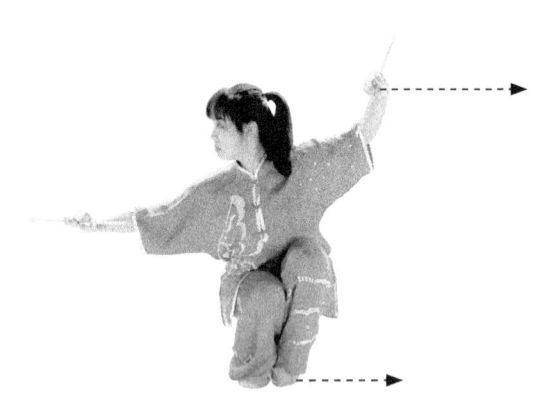

图3-158

第五十八式　退步绞刺

1. 接上势。身体重心上升，上体直立；左脚向左迈出一步，直膝站立，右腿站直；同时，左手握刺，直臂在左侧，右手握刺，顺时针绞刺一周；目视右前方。（图3-159）

图3-159

2. 身体重心下移，微向右转；左腿屈膝下蹲，右脚后退一步，脚跟离地；同时，左手握刺不变，右手握刺顺时针绞刺一周；目视右前方。（图3-160）

图3-160

图3-161

3. 身体重心保持不变；左脚后退一步，脚跟离地，右腿屈膝下蹲；同时，左手握刺不变，右手握刺，顺时针绞刺一周；目视右前方。（图3-161）

4. 身体重心保持不变；左腿屈膝下蹲，右脚后退一步，脚跟离地；同时，左手握刺不变，右手握刺，顺时针绞刺一周；目视右前方。（图3-162）

【要点】上体保持直立，退步时身体重心不宜有起伏；绞刺要以臂带腕，搅动幅度不宜过大，共搅动4次；用力顺达，动作连贯。

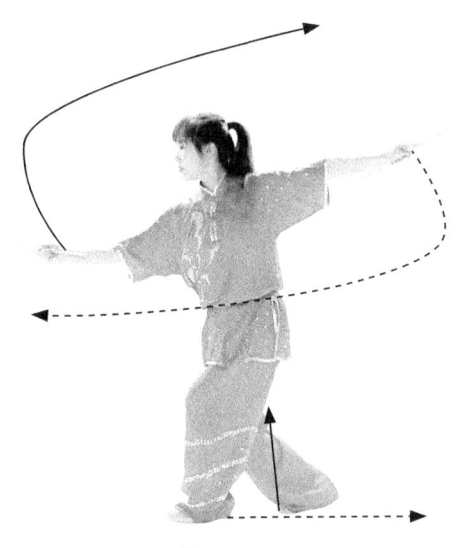

图3-162

第五十九式　仆步穿刺

1. 接上势。重心上升，身体右转90°；左脚内扣，左腿挺膝独立支撑，右腿提膝；同时，两手握刺，在身体两侧平举；目视左前方。（图3-163）

图3-163

图3-164

2. 身体重心下移；左腿屈膝下蹲，右脚向右迈步，脚跟离地，前脚掌内扣；同时，左手握刺手心朝上，屈肘于身体左侧，右手握刺手心朝上，屈肘由右腿内侧向前穿刺，刺尖向右；目视右下方。（图3-164）

3. 重心继续下移，上体微右转；左腿全蹲，右腿直膝平铺，右脚全脚掌着地，脚掌内扣；同时，左手握刺，手臂内旋向左上穿刺，右手握刺，手臂外旋向右前穿刺；目视右刺尖。（图3-165）

【要点】仆步要收腰、放髋，大小腿收紧，平铺腿不能弯曲；穿刺时，两手协调配合，刺尖固定，随手臂旋转穿出，做到快慢相间，用力顺达。

图3-165

第六十式　仰身后刺

1. 接上势。身体重心上升右移；左腿挺膝伸直，右腿屈膝前弓，脚尖外展朝前，成右弓步；同时，左手握刺向左后方穿刺，右手握刺向右前方穿刺；目视右刺。（图3-166）

图3-166

2. 身体重心上升，向右转体90°；左脚向前上步，与右脚并步站立；同时，左手握刺收于左侧腰间，右手握刺，直臂由体前向头顶上方撩刺，刺尖朝上；目视前方。（图3-167）

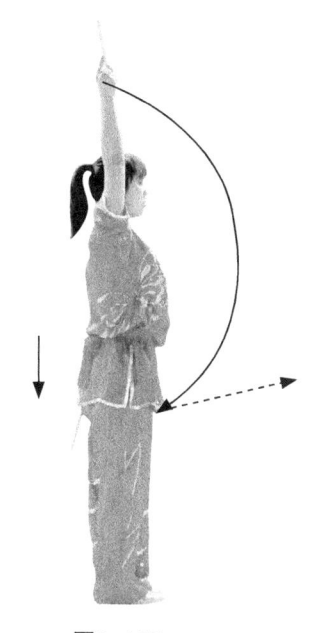

图3-167

3. 身体重心向下移，上体微前倾；两腿屈膝向下蹲；同时，左手握刺，由下向前撩出，右手握刺收于右侧腰间；目视前下方。（图3-168）

图3-168

4. 身体后仰，上体平躺；左脚向前上步，膝盖挺直，脚尖触地，右腿微屈站立；同时，左手握刺收于后背，右手握刺，由腰间向后上方刺出；目视右刺尖。（图3-169）

【要点】仰身时一定要送髋、顶腰、展腹、挺胸、抬头，身体重心保持好，支撑稳定；右臂充分拉长，上体尽量向后躺平，动作要一气呵成。

图3-169

图3-170

第六十一式　马步拨刺

1. 接上势。身体重心下降，微向左转；左腿屈膝下蹲，全脚掌着地，右腿屈膝下跪，脚跟离地；左手握刺不变，右手握刺收于左侧腹前；目视左下方。（图3-170）

2. 身体向右转；左腿半蹲，大腿接近水平，右腿屈膝半蹲，全脚掌着地，成马步；同时，左手握刺不变，右手持刺手心向上，由左向右云拨刺；目视右刺。（图3-171）

【要点】拧腰转胯，眼随刺走，转刺与拧腰协调配合；手掌托平，五指分开，抖腕快速发力，刺要持续转动。

图3-171

第六十二式　转身云拨刺

1. 接上势。身体重心上升左移；左腿站直，右脚脚跟离地，脚掌内扣；同时，左手握刺不变，右手握刺由腹前向左侧带刺；目视左下方。（图3-172）

2. 身体重心上升，体右转；双腿站直；脚尖摆正。同时，左手握刺不变，右手持刺手心向上，经体前向头顶上方云拨刺；目视右刺。（图3-173、图3-173附图）

【要点】云拨刺要求以腰带臂，手掌心展平，刺在头顶平转，手腕迅猛发力。

图3-172

图3-173 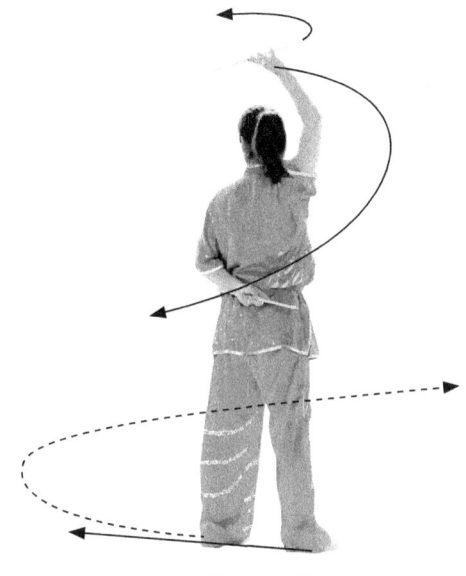　　　　图3-173附图

第六十三式　站立拨刺

接上势。身体重心保持不变，微向右转；两腿分开直立；同时，左手持刺手心向前，在左前方拨刺，右手持刺手心向前，在右后方拨刺，两臂侧平举；目视左刺方。（图3-174）

【要点】挺胸立腰，姿势舒展，身体重心在两腿中间；手腕快速抖动发力，用力顺达，动作连贯。

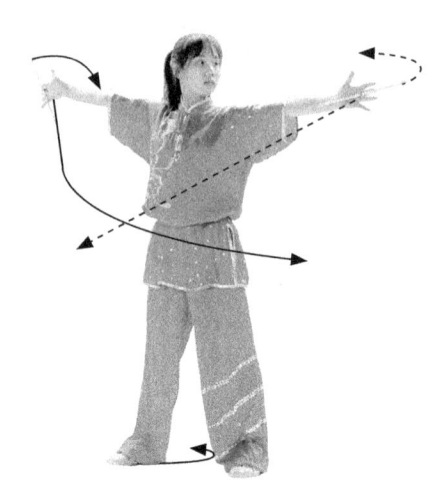

图3-174

图3-175

第六十四式　提膝云拨刺

1. 接上势。身体重心下降左移，上体前倾；左腿屈膝下蹲，右腿屈膝下跪；同时，两手握刺，由两侧向胸前收抱；目视前下方。（图3-175）

2. 身体重心上升，右转；左腿站直，独立支撑，右腿屈膝上提，小腿收紧，脚尖向下；同时，两手持刺手心相对，左上右下，向右前方顺时针拨转刺；目视双刺。（图3-176）

【要点】拧腰转胯，上体右压前倾，提膝与拨刺协调配合；两手上下平行，用力均匀，方向一致，动作连贯。

图3-176

第六十五式　半马步托拨刺

1. 接上势。重心下降身体右转；左脚向前迈步，屈膝下蹲，右脚原地落步，屈膝下蹲；同时，两手持刺收于右腰间；目视右下方。（图3-177）

图3-177

图3-178

2. 身体重心向左移动，上体微左转；两腿保持不变；同时，两手持刺手心相对，左下右上，由腰间向体前托转刺；目视双刺。（图3-178）

【要点】拧腰转体，双刺上下平行转动，方向一致；拨刺时用力顺达，目随刺动。

第六十六式　跪步戳刺

1. 接上势。身体重心保持不变，微向右转；两腿不变；同时，两手握刺收抱于右侧腰间；目视右下方。（图3-179）

图3-179

2. 身体重心下降左移；左腿屈膝半蹲，右脚脚跟离地，右腿屈膝下跪；同时，左手握刺手心向下，经胸部向左前方戳刺，右手握刺手心向下，向右后方戳刺；目视左前方。（图3-180）

【要点】身体中正，拧腰转胯，重心沉稳，右腿膝盖不能触地；双臂微屈，沉肩坠肘，迅猛发力。

图3-180

第六十七式　并步收势

1. 接上势。身体重心上升左转；左腿站直，右脚向前上步，右脚向左脚并步站立；同时，两手握刺，收于腰间两侧抱刺；目视前方。（图3-181）

图3-181

2. 身体重心保持不变；两脚并步站立；同时，两手握刺，由腰间向下放于大腿两侧；目视前方。（图3-182）

【要点】呼吸自然，精神饱满，挺胸塌腰；两手动作一致，两臂自然下垂体侧，两腿站直，用力收紧。

图3-182

第三节 峨眉刺套路运行路线示意图

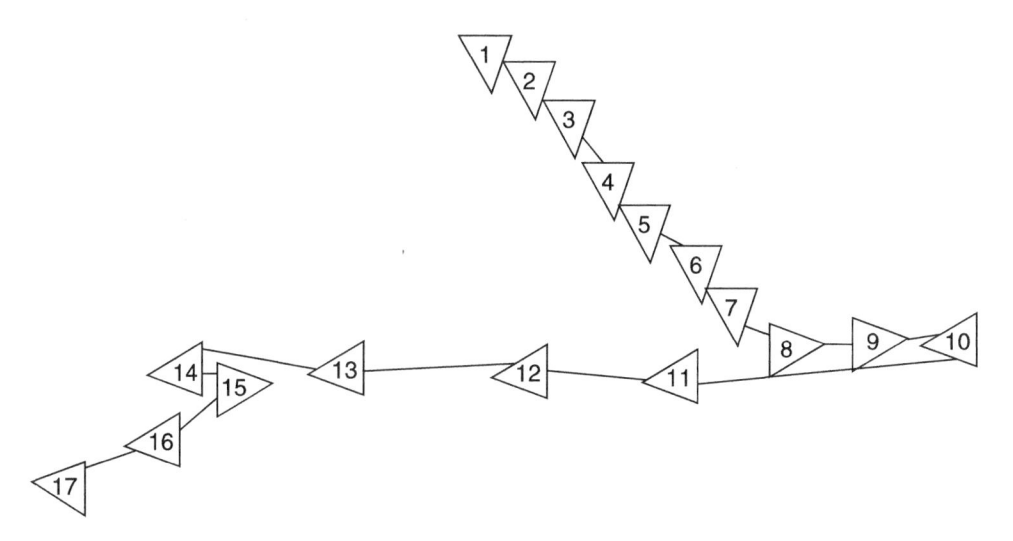

第一段 运行路线示意图

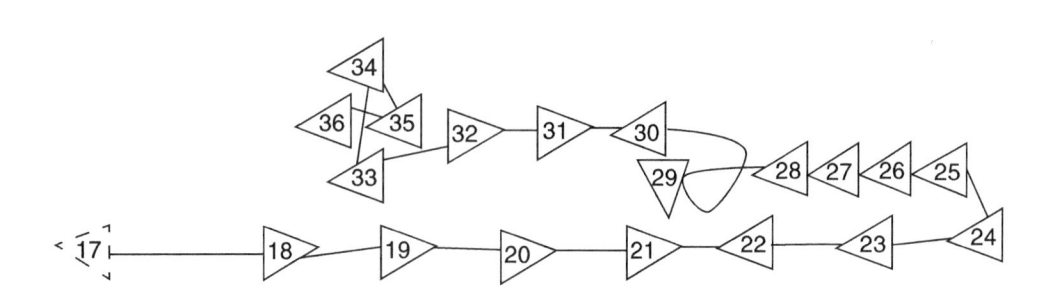

第二段 运行路线示意图

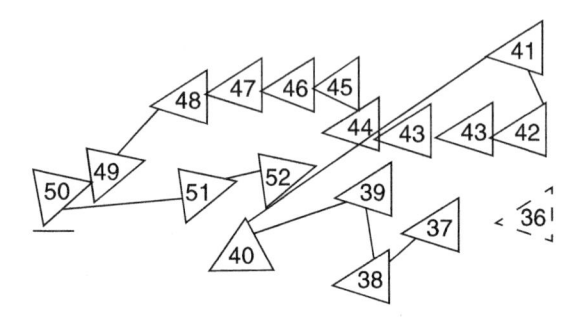

峨眉刺　峨眉枪

第三段　运行路线示意图

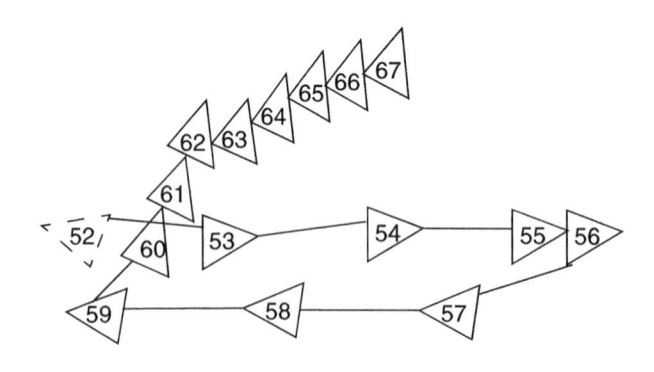

第四段　运行路线示意图

88

第四章 峨眉枪概述

第一节 峨眉枪的源流

一、峨眉枪的起源与历史演变

峨眉武术，在我国地域性武术文化中，与少林武术、武当武术齐名并称三大门派，是一个具有蜀地武术特色、包括诸多门户的武术门派符号指称，是以峨眉山为地域表征，以华西平原为地域主体，以蜀文化为地域文化底色，具有浓厚地域文化特色的武术门派[1]，并于2008年被列入国家级非物质文化遗产。峨眉武术中峨眉枪不仅历史悠久，而且特色独具。相对于其他枪术，峨眉枪术功架优美，劲力饱满，步活身灵，枪路纵横，变化多端，具有鲜明的巴蜀地域武术文化特色。在峨眉武术技法体系中，峨眉枪可谓一朵奇葩，由峨眉僧徒苦心磨砺、不断创新，深受峨眉道教和巴蜀地域文化的熏陶，故而形成技法丰富多彩，内涵独具风格，积淀着厚重的武学文化。峨眉枪术可以追溯到明代《手臂录》中，最早是由古代的矛演化而来，早期用石头或动物骨角制造的矛头攻击和防御，随着生产力的提高，改为用青铜制作长矛，并在形制上有了一些变化，随着锻冶技术的提高，铜铁制作的矛大量使用，矛头的形体加大并更加锐利，形成枪制且枪的种类逐渐增多，枪的形制也有所不同，枪头有笔尖形、梭形、锥形、箭形，等等。根据不同需要，枪杆的粗细、长短也不等，用于车战、骑战的枪杆粗而长，用于步战的枪杆略细而短。

峨眉枪术在明清枪派中占有重要地位，是中国枪术发展史上的里程碑，对后世枪术的发展与完善，起到承前启后的历史性作用。它的创始人是四川峨眉山普恩禅师。相传普恩遇异人授以独特枪术，他曾经两年于密室研习，通彻其中的枪理与精义后，将枪术传于徽州的程真如和月空行者，两人将这技艺风格独特的枪

---

[1] 卿光明.峨眉武术的体系梳理与文化审视[M].北京：社会科学文献出版社，2022，1-51.

术带回中原进行传播。后来程真如达其义，手著成书，命名为《峨眉枪术》，传于朱熊占。朱熊占于1662年在鹿城盛辛五家中巧遇江苏太仓人吴殳，朱熊占慧眼识人，收文武兼备、年已51岁的吴殳为徒，亲传峨眉枪术并赠其书。

明代著名军事家、武术家程冲斗撰有《耕余剩技》，记述了"峨眉枪术""白眉棍术"等技艺。吴殳于1678年将《峨眉枪术》收入他的名著《手臂录》，使其流传千古，成为武林名枪之一。峨眉枪据吴殳之《手臂录》附卷记载，"西蜀峨眉山普恩禅师，祖家白眉，遇异人授以枪法。立机空室，练习两载，一旦悟彻，遂造神话，遍游四方，莫与并驾"。由此可以推出峨眉枪法在其形成之初就涵盖着不凡的技击特性，尤其是"遍游四方，莫与并驾"，可以说明在当时社会境况下，切磋交流技艺是武术的传播途径之一，技击性仍然是峨眉枪的根本特点。峨眉枪术历史悠久，传自峨眉僧，唯峨眉师弟相传，其枪术是峨眉派枪术中最著名的，除峨眉枪外，还有梅花枪、左把枪、断门枪、四门枪、马家枪、锁喉枪、子午枪、二郎枪、奇门枪、太平枪、连环枪、五虎擒羊枪、双头枪等。

清代末期以后，由于洋枪洋炮的输入，武术的御敌功能不再具有广泛的意义，但是仍有许多民间人士以强身健体为目的而习武，峨眉枪术到了后世也大放异彩。

近年来，为了方便峨眉枪的爱好者练习，对峨眉枪术套路的挖掘、整理和编排，都遵循峨眉枪法的动作风格与技击特点，尽可能地将峨眉枪原有的十八扎法以及十二倒手保留其中，传承枪法的攻防技击的"原汁原味"，以虚实转换的步法和手法突出峨眉枪法的"灵巧"，以峨眉枪的动静链接体现峨眉枪的演练风格。

二、峨眉枪的传承

据赵鸿宾《明清四大明枪》记载，峨眉枪法是川西峨眉普恩禅师受高人指点所创编。普恩禅师经过两年的密室潜心修炼，领悟峨眉枪的枪理和精义，以峨眉枪法行走武林，鲜有敌手，名重一时。随后程真如和荆江月空行者前来拜师，在山中砍柴两年，普恩禅师传授两人峨眉枪法中对于敌我之间距离的把控以及进攻与防守时机的预判。之后两人将峨眉枪法传播至中原，程真如将峨眉枪授予朱熊占，而吴殳拜朱熊占为师。吴殳得《峨眉枪法》及技法真传，并于1678年写入《手臂录》，流传至今。

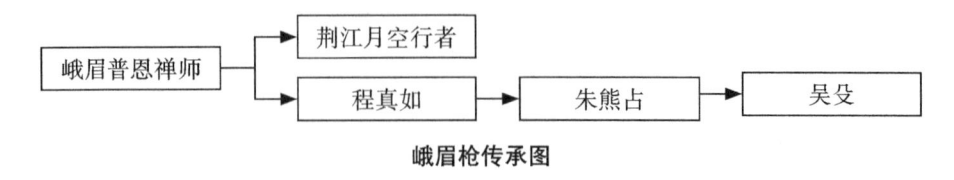

峨眉普恩禅师 → 荆江月空行者
峨眉普恩禅师 → 程真如 → 朱熊占 → 吴殳

峨眉枪传承图

第二节　峨眉枪的锻炼价值

一、强健身体

长期练习峨眉枪，对人体最直观的影响是提高了人体的运动能力。峨眉枪的各种技法有赖于全身各肌群的协调配合。首先，双手和两臂在持枪运枪时要协调，长期习练圈扎技术，能明显提高手臂各肌群的力量和协调能力。其次，枪法的灵动与力量源于足下，行于两膝，所谓"贵乎坐膝，身心手足，相应为佳"。长期习练峨眉枪术，腿部肌肉的柔韧性和力量素质能够得到提升，下肢各关节的灵活性和稳固性也显著增强。同时，人体核心肌群在峨眉枪法中有着重要作用，所谓"核心"是人体的中间环节，担负着稳定重心、传导力量等作用，是整体发力的主要环节，对上下肢的活动、用力起着承上启下的枢纽作用。武术拳谚中"梢节起，中节随，根节催"，也强调了人体中节（即核心）的重要性。因此峨眉枪法中所有技法都需要调动核心肌群的参与，并促进核心肌群的能力得到大幅度提升。另外，峨眉枪术的练习过程也是人体全面调动身体机能参与运动的过程，在练习中，除了运动系统外，人体神经系统、呼吸系统、循环系统和内分泌系统都得到有效刺激，长期习练峨眉枪，能使人体的各项机能均朝着有益的方向发展。

二、健康心态

峨眉枪对心理健康的影响体现在两个方面，一是对大脑神经系统的有益影响，二是有益于主观心态的调整。枪谱云："持龙贵静，静岂易言。必身心皆治，而后能静。"峨眉枪特别讲究持枪时的安静状态，"持龙如峙岳，如止水，淆之不浊，触之不摇，机深节短，使人莫测"。从技击角度说，持枪而静如止水是为了更好地出枪，不让对方轻易地预测接下来的动作。而从心理健康的角度来讲，静是对神经兴奋和抑制过程的调整。持枪站桩时的安静状态不同于睡眠的安静，持枪状态下需要我们将注意力放到对枪的动态控制上，此时注意力实际上是高度集中的，这种"贵静"状态下是对大脑皮质神经过程的主动抑制，而出枪时又需要神经快速反应，从而调动各肌群工作，因此思维活动在动静收放间得到锻炼。长期练习峨眉枪,有助于提高大脑皮质神经过程的灵活性和稳定性。另外,如太极拳一样,峨眉枪的练习能对人的心态产生有益影响,如枪诀所言"手足运用,莫不由心",而练枪"必身心皆治"。要求练习者在练习峨眉枪时需要暂时抛开杂乱的思绪,将注意力放到身体上,做到身心统一。身体机能和心理健康的双重收益能增强人们的自信心,提高抗压能力,帮助我们更好地应对工作和学习上的各种困难,进而形成身心健康的良性循环。

三、娱乐休闲

常练峨眉枪不仅能强健身心,同时更能娱人乐己,陶冶情操。首先,峨眉枪作为传承了几百年的枪法派别,有着丰厚的文化积淀。明清武术家吴殳于武术专著《手臂录》中所附之程真如达意之《峨眉枪法》,将峨眉枪法分为治心篇、治身篇、宜静篇、宜动篇、攻守篇、审势篇、形势篇、戒谨篇、倒手篇、扎法篇、破诸器篇和身手法篇共12篇及总要篇。每一篇论述既是技术要诀,又沁润了丰富的中国传统文化内涵。因此,习练峨眉枪既是身体的修炼,也是文化的熏陶。其次,峨眉枪枪术套路有着身若腾蛇、枪似游龙的风格特点,枪势大气磅礴,因此具有较高的观赏价值。当习练者练至较高境界时往往能陶醉其中,而观者亦能得到美的享受。再者,峨眉枪非常注重实战,是吴殳口中"游场"对阵的代表枪法。因此,随着当下枪术对抗运动的快速发展,人们可以使用特制的安全枪实现在不受伤的情况下进行娱乐竞技。与峨眉枪的套路练习的展演性质不同,枪术竞技有着社交性和竞技性兼具的优点。人们可以在节假日,约上三五好友进行一场友好而安全的枪术竞技,既能够将平时所练峨眉枪法运用于实战,又能够联系感情,结交同好,从而释放压力,娱乐身心。

第三节 峨眉枪的风格特点

一、卷裹为主,短打灵巧

峨眉山有着得天独厚的地域特色及人文风貌。峨眉山林间时常灵活穿梭着飞禽走兽,枪的技法中效仿灵猴特性玩耍的居多,有大量模仿猴子的动作。在峨眉山修行的前辈以自身的聪明才智,发现猴子生性活泼灵巧、爱玩耍的特征，它们的技能能够强身健体。针对猴子身体的灵巧性，通过对灵猴的动作特征进行模仿，对其攀爬、移动路线进行创作，打造了"小巧短打，以巧取胜"的峨眉枪法。南方人的身体特征、生活习惯，常年累月山林攀爬行走，练就了巴蜀人的强健、灵活、稳固的下盘。峨眉枪的长度齐耳，便于人们出行携带。吴殳以枪法之研究解说为主，推崇峨眉枪，可见峨眉枪的枪法重要地位。

二、破攻守中，变幻莫测

峨眉枪作为古代四大名枪之一，与其他传统枪术一样都是三尖相对，持枪头顶、肩、足、枪身四平；前滑后锁，用枪稳活；稳而不死，活而不滑；枪扎一条线、枪圈不过斗的根本技法要求。峨眉枪少大开大合，其与拳法相同，与众不同之处在于多用涌泉力而少用丹田劲。其小俯度脚心一紧的整体抖弹，还有与众不同的是先出枪，身步追着枪势的梢牵法，与大多用根催枪势不同。枪法用意，均属攻击方法。在远古时代，聪明的祖先已有了枪的模型，在轻巧细短的木棒的顶端有树皮绑住打磨好的石头用于生活生产，不仅可以用于狩猎解决温饱，更是强身健体、领土防御的武器。唐初大将尉迟敬德便精于枪术；五代时，王彦章善使铁枪，"持一铁枪，骑而驰突，奋击如飞，而他人莫能举也，军中号王铁枪"。而北方人用枪，在形制上与峨眉枪有所差异。北方人骑马，骁勇善战，善于使用长枪，古话说"在马背上打天下"，枪的长度高于峨眉枪，适用于长距离攻击。在马背上能更有效地攻击敌人。故而使用长枪便于马背作战。

三、枪如游龙，收放自如

目前，通过史料的挖掘与甄别整理，峨眉枪曾被枪法前辈誉为"史家之绝学，枪魂之峨眉"，为后人挖掘增加了神秘色彩。根据《手臂录》的记载可知，峨眉枪法包含"治心篇、治身篇、宜静篇、宜动篇、攻守篇、审势篇、形势篇、戒谨篇、倒手篇、扎法篇、破诸器篇、身手法篇"共12篇章。身法在峨眉枪技术中是门槛，进、退、闪、跃，都包含在身法里。峨眉枪的手法主要体现在"活"，双手持枪，前虚后实、前管后锁。对于防守敌方来枪，前手高于后手，后手发力经腹部至枪尖，力量才重而实。而施展峨眉枪术的技术关键，是手法、身法与意识的协调统一配合，是用枪的重点。正所谓"枪似游龙扎一点，舞动生花妙无穷"。而握枪不稳，在进攻和防守时就会出现失控。"一力降十会"，对于技巧的使用，需要一定的力量来支撑。腰腿劲直透枪尖，势如潜龙出入。如果身体跟不上反应，一切都是徒劳。

四、慢而不凝，快而不乱

宜静、宜动两篇体现了峨眉枪"静如止水，动如游龙"的特点。枪要平稳，但不是停滞不动，停滞之后再发动攻势，动作反应就会变得迟缓，动作反应一变迟缓则心思懈怠、沉重，枪就不灵巧；枪动如龙，行枪刚烈，招招凶狠。动作小而快，以巧取胜。枪圈如斗不可过大，借力打力，不可徒耗体力，呼吸有度，协调分配体力。这也是对于峨眉枪套路动静链接演练风格的一种体现。武术中讲究"外三合：手与足、肘与膝、肩与胯，擒是死的、拿是活的、擒拿有成、方进武器；兵器乃手足之延长，内三合：心与意、意与气、气与力，内为阴、外为阳，内外贯穿为一气，一形不成，难练他形"，这句话讲出了中国武术的内涵，说明了拳不成形难练兵器的道理。峨眉枪易学难练，习练枪术需要稳固的桩功和灵活的身法手法，才可以在练习中做到连击逼人，动静相兼。枪的功夫是一天天练出来的，量变产生质变，功夫到了，身法与心理自然能协调一致。

第四节 峨眉枪的技击特点

一、止戈为武，仁义为德

治心是指对心的修行、磨炼心志的意思。一方面是讲习枪者自身的思想品德（即武德）水准，指以习武者的道德行为，以礼、仁、义为准则的习武之人言行举止的道德准绳。有平息战事的实力，也同样有以仁、义为核心的理念。习枪之人拿起枪之前应该先学会放下枪。治心篇之所以放在第一位，是因为它强调了"学艺先学礼，习武先习德"。自古以来师父传授武艺时，首先会考验徒弟的武德，通常让弟子通过打杂来锤炼心性和忍性，两者稳定后才能登堂入室。程真如和荆江月空行者也为普恩禅师砍柴两年之后才习得峨眉枪法。另一方面则是讲与敌对峙时自己的心理状态。无论遇到什么突发事件，心理都要稳定如常，这样才能镇住局面，方能治心。峨眉枪的传承非常重视习枪者的武德。练习峨眉枪术技法，无论是练习前还是对战前，都需要将心理调整到平稳、冷静的状态，才能更好地练习以及实战。

二、十八扎法，连击逼人

扎法篇中的十八扎法展现了峨眉枪的进攻特点。左右串扎（拦拿扎）、左右圈扎、虚扎都是以枪圈细小紧密的扎法，动作小变化大。穿帘扎、投壶扎、左右插花扎是击破其他兵器的扎法。带打扎、截枪和降枪扎是先防后攻的扎法，以缠、挤、挨的方法防守，随后滑枪而扎。不架招扎敌后手的实扎和被称为最高境界枪法的迎枪有"控劲力，攻死门"的特点。而迴龙扎和无中生有扎凸显了峨眉枪变化莫测的枪法特点。单杀手扎、子午枪、月牙枪是峨眉枪法里伤人比较猛烈的枪法，而子午、月牙枪弥补了单杀手扎扎完来不及快速收枪的缺点。螣蛇枪是峨眉枪里连续击打逼迫敌人的枪法，但不宜多做，较耗费体力。鸳鸯扎是以攻为守的扎法，用于对付多个持枪者。在习练峨眉枪时最基本的就是"枪扎一线，圈不过斗"。峨眉枪前手管、后手锁的手法是连扎带打攻势的基本要求。峨眉枪的进攻特点是枪圈细小紧密、动作小、变化大、控劲力，攻死门。

三、十二倒手，转防为攻

峨眉枪中的倒手是指以灵活的手法控制枪身、破坏敌人发力路线以及防御敌人进攻的方法，包括拦、拿、挤、挨、扯、托、劈、缠、挑、提、卷等技法。在峨眉枪中进攻离不开防守，防守也离不开进攻。降枪这一枪法在峨眉枪中既有防守类动作，又有进攻性动作扎枪蕴含其中。鸳鸯扎是峨眉枪中的进攻类动作，但也却有防守。和枪倒手则是以不变应万变的枪法，以挤、挨、扯、托的革法轻轻革开敌人的进攻，体现了峨眉枪的"柔"。卷枪倒手、扑枪倒手和劈枪倒手都是以马步为桩，后手发力，向敌人的前手以劈和拿的方法守住敌人的进攻。勾枪倒手、封枪倒手、缠枪倒手和击枪倒手枪圈小而紧密，是拦、拿的方法缠住敌人的枪杆，使敌人无法进攻。流枪倒手是先劈开敌人或左或右的扎枪，随后扎之；盖枪倒手是以枪杆压住敌人枪杆的守法，挑枪倒手是以枪杆挑开敌人枪杆的守法，都是先以被动防守转为主动进攻的方法。提枪倒手是防守敌人攻击下盘的守法，也是峨眉枪中唯一一式枪根特别高的枪法。破诸器篇是峨眉枪针对诸般兵器用不同枪法化解其招式的方法。峨眉枪的防守是以马步为桩，拦拿为主，缠封为辅，破攻为守，守中有攻。

四、以虚探实，防守反击

战术在峨眉枪中是指在实战过程中如何运用峨眉枪法获取胜利的策略。使用峨眉枪连续向对方进攻时，应注意针对对方防守不实的空当，同时也要做好对方反击我方进攻漏洞之处的防卫准备。在防守时，应注意对手进攻的虚实，同时也要看准对手的进攻破绽进行反击。"唯有防御敌人进枪的守法，而没有攻击敌人的扎法，怎么能会伤到人？唯有一味进攻的扎法，而没有防御敌人进枪的守法，怎么能保护好自己？"在峨眉枪中讲究攻为明，守为暗；攻中有守，防守反击；攻守不分离。峨眉枪在实战前的时间、地点以及用枪者对自身状态的要求：不醉，不留手、不在泥地用枪、避免阳光刺眼的方向、晚上用枪时避免光线暴露自己。观察和占据实战前的有利条件，"以虚探实、以弱探强"，以战术摸清敌人的短板，再将其攻破。正如《孙子兵法》讲："审敌之虚实而趋其危。"战术是在实战中所使用的计谋与策略，是武术实战中强调的"反应能力"。在峨眉枪术运用的实战中要做到"虚虚实实，假假真真，以强破弱、乘胜追击"。

第五节 峨眉枪的演练要求

枪术在众多武术流派中，虽然演练风格各异，但其技法特点基本相同。峨眉枪术心解即是"枪不走圈，剑不行尾，拳不接手，人以根催，我以梢牵，人以丹田，我以涌泉，人以意求，我以自然"等而为特色。峨眉枪术理论体系较为完备，讲究用技易，练心难，强调意气力技综合发挥的重要意义。提出宜静、宜动、攻守、审势等技击战略战术法则和枪术要诀。

一、枪扎一条线

枪法注重直扎，以扎发挥枪尖的技击功效，直扎远取以发挥枪的优势和特长。扎不但是枪术的主要方法，而且也是枪术最主要的进攻技法特点。扎枪时要求沿枪身纵轴使力，使枪身直线扎出，力达枪尖，暴发寸劲，同时要求出枪快、准、狠，即出枪快，路线短，有力量，去如箭，来如线。方法上要使枪尖、鼻尖、脚尖在同一纵面内，通过撤后腿、蹬后脚、拧腰、顺肩、挺腕在一条直线上向前用力。用力时要柔、快且有加速，力点准确清晰。枪扎出后要迅速收枪。扎枪时，大多采用连扎几枪的衔接方法，故称"枪扎一条线"。

二、持枪贵四平

"四平"指顶平、肩平、枪平、脚平，即持枪的基本姿势应做到头正、颈直、下颚微收、两眼平视而炯炯有神。两肩松沉，上体正直，才能势稳法活。两手与枪尖三点在一条水平线上，枪才可以攻守活便，出枪快而有力。两膝坐屈，两脚踏平，重心自然下降，身姿才能更加稳固。"四平"又称"中平枪"，《纪效新书·长兵短用说篇》卷十记载中平枪法："为六合枪之主，作二十四势之元，妙变无穷。"《手臂录》中也认为："以中平枪为枪中王，为诸艺皆从此出也。"可见"中平枪"在格斗中不仅被视为不易换的基本实战姿势，而且其技法也被作为枪术的基本技法。

三、前管后锁

是指在枪术运用过程中两手控制枪身的基本手法。即握于枪身中段的前手，要像"管"一样套住枪身不使脱落，又能保证枪杆在其中自由出入，而且还能灵活自如地控制枪的运动路线及运动方向，即所谓"前手如管"；"后手如锁"即后手握于枪把根要像"锁"一样牢固地握住枪把，推动枪身运动，不仅能灵活地运转枪把、变化枪梢的位置，而且又能使腰部力量传达于枪尖。

四、艺工于一圈

《手臂录》记载："枪，总用之则为一圈，剖此圈而分之，或左或右，或上或下，或斜或正；或单或复，或取多分，或取少分，以为行著诸巧法，而后枪道大备。是以练枪者，惟下久苦之工手丁圈，熟而更熟，精而益精。"实战时两枪较技彼来我往，枪的防守在于与来枪相交，如拦、拿、缠等；枪的进攻要避开对方之枪，如拦扎、拿扎、缠扎枪等，不外乎平枪走弧线，或整圈或半圈、或大半圈或小半圈等，关键在于圈的熟练程度。

拦拿圈转是枪术中的基本防守技法，圈转与直扎交融运用，圈中化直、直中化圈、防中含攻、攻中寓防是枪法中的一大技法特点。

第五章　峨眉枪基本动作及方法

第一节　峨眉枪各部位的名称

1. 枪杆——枪的木杆部分。
2. 枪头——安装在枪杆上带尖刃的金属。
3. 枪尖——枪头尖锐部。
4. 枪库——枪头尾段锥形圆管。
5. 枪缨——系于枪头尾端的红缨。
6. 前段——枪杆靠近枪头的三分之一部分。
7. 中段——枪杆正中三分之一部分。
8. 把段——枪杆靠近枪把的三分之一部分。
9. 枪把——枪杆的底端。
10. 把端——枪杆把端靠近枪把的三分之一部分。

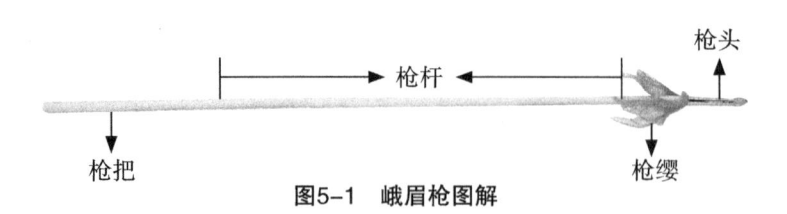

图5-1　峨眉枪图解

第二节 持枪礼及基本步型

（一）持枪礼

1. 上体正对前方，两脚并步站立；左臂自然下垂于身体左侧，左手掌贴于大腿外侧，右手握于枪身中段并紧贴身体右侧，虎口朝前，掌心朝下，使枪把朝向右后方着地；两眼平视前方；左手成掌，右手紧握枪身中段位置，两手贴身向上提至腰间。（图5-2）

2. 随后，两手经胸口朝正前方推出；目视前方。（图5-3、图5-3附图）

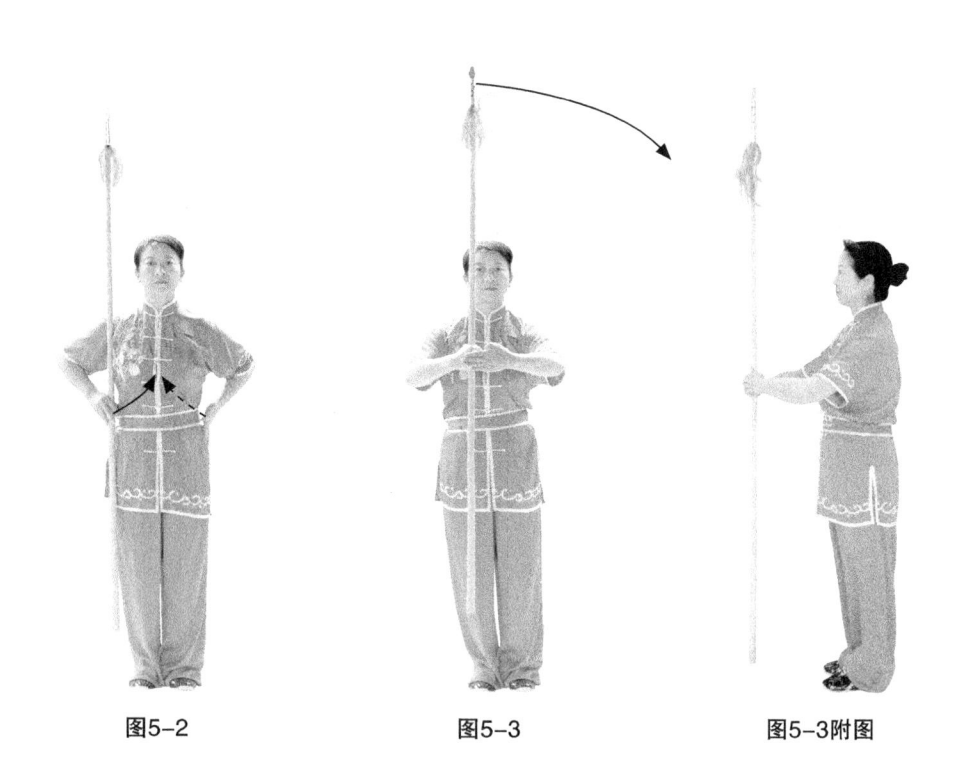

图5-2　　　　　图5-3　　　　　图5-3附图

（二）马步

两腿平行开立，两脚间距离三脚的宽度，然后双腿微半蹲，两脚尖朝正前方，两膝向外撑，膝盖不能超过脚尖，大腿呈水平与地面平行。（图5-4、图5-4附图）

图5-4

图5-4附图

第五章　峨眉枪基本动作及方法

（三）弓步

图5-5

左腿微屈膝，大腿与地面平行，膝盖与脚背垂直，脚尖微扣，右腿自然伸直，脚尖朝右前方约60°，两脚全脚掌着地；目视正前方。（图5-5）

（四）跟步

图5-6

1. 两腿平行开立，两脚间距离三脚的宽度，然后双腿微半蹲，两脚尖朝正前方，两膝向外撑，膝盖不能超过脚尖，大腿呈水平与地面平行。（图5-6）

峨眉刺　峨眉枪

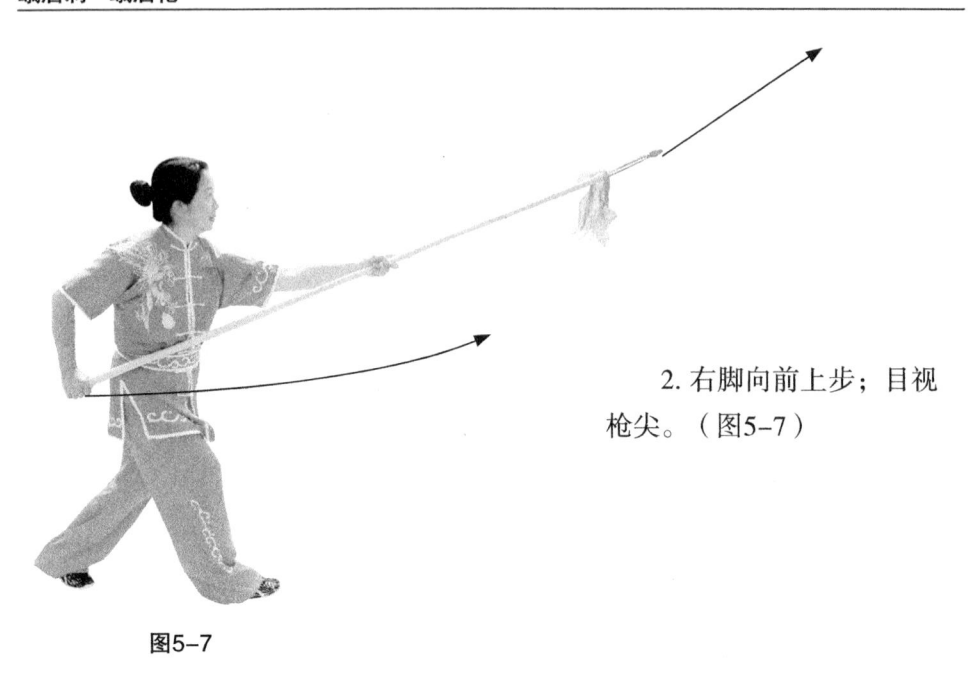

2. 右脚向前上步；目视枪尖。（图5-7）

图5-7

3. 左脚跟进一脚距离，双腿下蹲，左腿膝盖略平行于地面但不贴地，左脚脚尖支撑点地，右脚全脚掌着地，重心于两脚之间。（图5-8、图5-8附图）

图5-8

第五章　峨眉枪基本动作及方法

图5-8附图

（五）歇步

两腿交叉靠拢贴紧并全蹲，左脚全脚掌着地，脚尖外展，右脚前脚掌着地，膝部靠于前小腿外侧，臀部接于右脚跟处，眼睛向右前方平视。左腿在下为左歇步，右腿在下为右歇步。（图5-9）

图5-9

（六）虚步

两脚前后开立，右脚掌向外展45°，左脚脚跟离地，脚面绷平前点，右腿屈膝半蹲，大腿接近水平，全脚掌着地，重心落于后腿，前腿微屈，脚尖稍内扣虚点地面。左脚在前为左虚步，右脚在前为右虚步。（图5-10、图5-10附图）

图5-10

图5-10附图

（七）丁步

两脚并立，左脚脚尖点于右脚脚掌内侧二分之一处，右脚全脚掌着地，两腿屈膝半蹲；眼睛向左前方平视。（图5-11）

图5-11

第三节　基本枪法

（一）勾枪

两脚成马步站立，前手（左手）持枪身中段向外拨动，后手（右手）紧握枪杆把端向外翻转，枪尖由右起经上方至左侧划"n"，枪身贴小腹滚动；目视枪尖，整个枪身高不过头，低不过胯。（图5-12、图5-12附图、图5-13、图5-13附图）

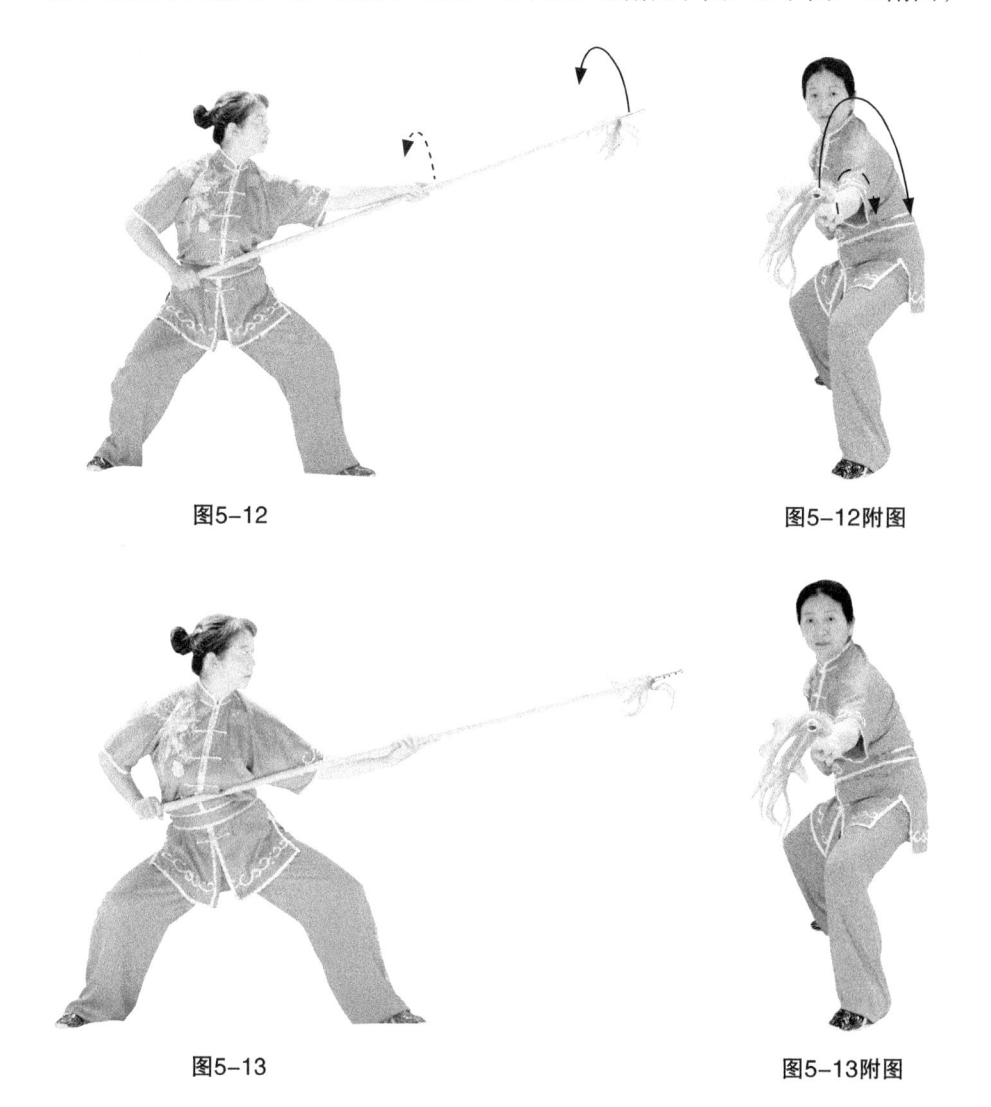

图5-12

图5-12附图

图5-13

图5-13附图

（二）封枪

两脚成马步站立；后手（右手）向内卷、前手（左手）向内按，枪尖由左起经上方至右划"n"，枪身贴小腹滚动；目视枪尖。整个枪身高不过头，低不过胯。（图5-14、图5-14附图、图5-15、图5-15附图）

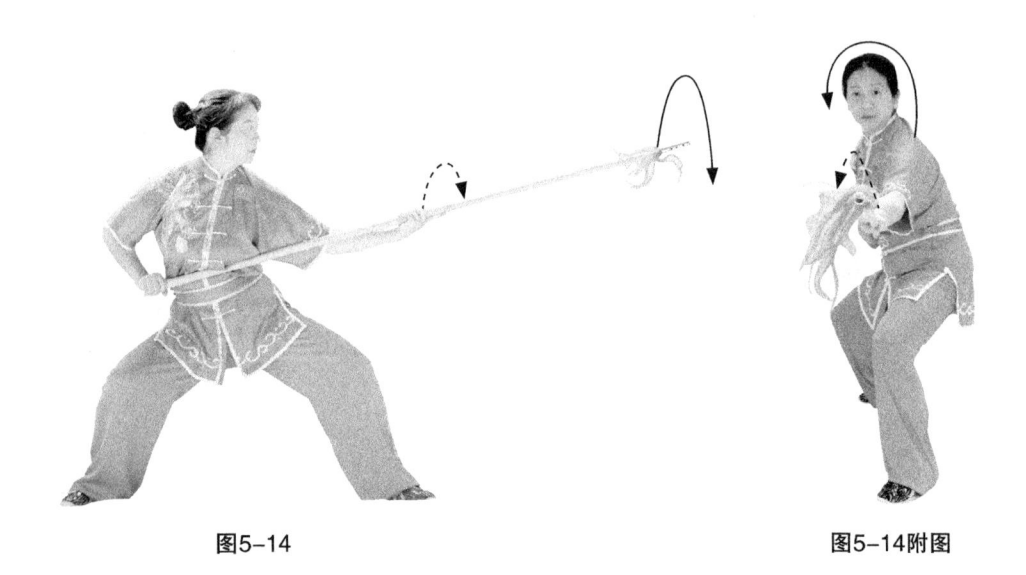

图5-14　　　　　　　　　　　　　图5-14附图

图5-15　　　　　　　　　　　　　图5-15附图

（三）实扎枪

由马步转换成弓步；左手虚握于枪身中段，右手握于枪把经腰间向前推出，左手滑把握于枪把顺势扎出，力达枪尖。平枪必须与肩同高成水平；上枪高不过头，低不过肩；下枪高不过膝，低不触地。上平枪枪杆高与胸齐，中平枪枪杆在胸腰之间，下平枪枪杆与腰相齐，低平枪离地20厘米，皆使枪直出，使枪颤动；目视枪尖。（图5-16、图5-17）

图5-16

图5-17

（四）单杀手扎

右脚上步成马步；左掌收于身前，向身体左侧略高于水平立掌推出，右手握枪把收于胸口处，向右侧水平扎出并快速回收于右肩旁，右手臂紧贴身侧，左手保持撑掌不变。（图5-18～图5-20）

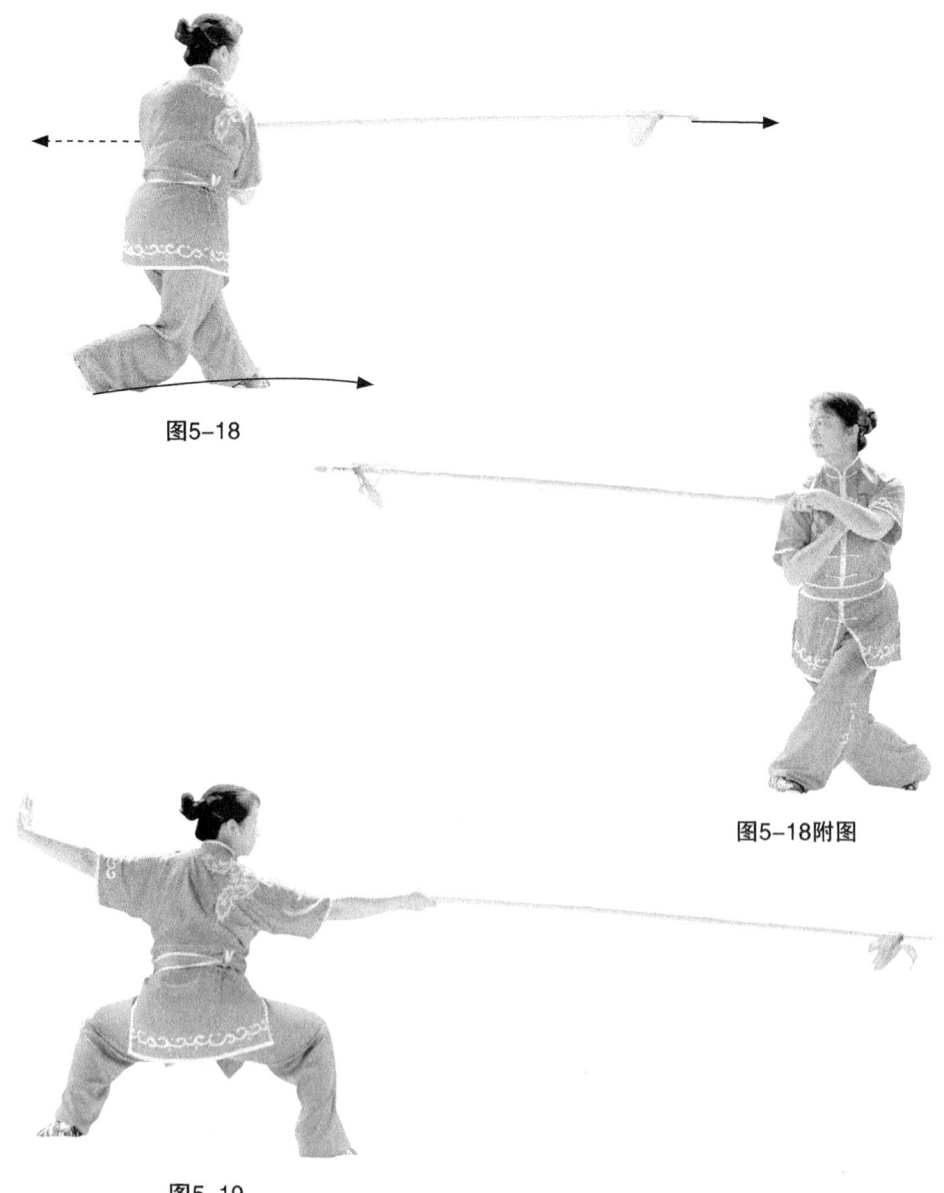

图5-18

图5-18附图

图5-19

第五章 峨眉枪基本动作及方法

图5-19附图

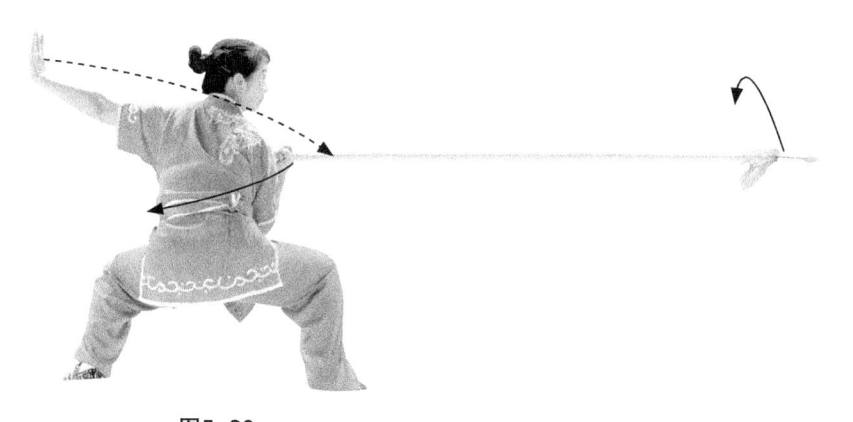

图5-20

图5-20附图

109

（五）跳步卷枪

1. 左手手心向上，右手握于枪把；身体重心向右脚转移，左脚微抬起向身体前方落步成左虚步；左手封枪，右手顺势向内下落收于腹前，枪身紧贴左手臂内侧。（图5-21、图5-22）

图5-21

图5-22

2. 左肩叠肩卷枪，左臂向内翻卷，带动枪杆转动并紧贴枪身，右手紧握枪把，顺势从腹前上翻至右肩前方，右手肘向外翻并抬于水平处，力达枪尖，使枪尖向上颤动，枪尖接近地面，但不触及地面；目视枪尖。（图5-23）

图5-23

（六）点枪

左脚在前，双腿微屈，右脚提膝，将脚尖扣于左膝后侧并紧贴；枪尖由上至下呈立圆行进，左手滑枪前推至枪把，右手握枪把顺势上提，枪尖下点，短促用力，力达枪尖；眼随枪走。上点高不过头，低不过肩；平点高不过肩，低不过胯；下点高不过膝，低不着地。（图5-24、图5-25、图5-25附图）

图5-24

图5-25　　　　　　　　　　　图5-25附图

（七）拨草寻蛇

1. 左脚后撤点地，膝盖微屈贴于右腿膝窝后；左手握于枪身中段，枪尖从左至右向斜下方扫出，右手紧握于枪把顺势收于左臂腋下；目视枪尖。（图5-26）

图5-26

2. 接上势。左脚保持不动，右脚向后撤一步；左手从右到左向斜下方扫横，枪杆持于身体前方，右手内旋向外推出；目视前方。（图5-27）

图5-27

3. 接上势。重复动作1、动作2。（图5-28、图5-29）

图5-28

图5-29

（八）盖把

右左腿前后分开站立；右手握于枪把四分之一处，经上方呈立圆向下盖把，顺势右手滑把至枪身中段；同时提左膝；左手持枪手臂紧贴右侧身体，右手手肘向内收呈曲状，枪把高于枪尖；目视枪把。（图5-30、图5-31、图5-31附图）

图5-30

图5-31　　　　　　　　　　　　图5-31附图

（九）横击枪

1. 左右两脚前后站立；两手握于枪杆上半段并水平持于胸前。（图5-32、图5-32附图）

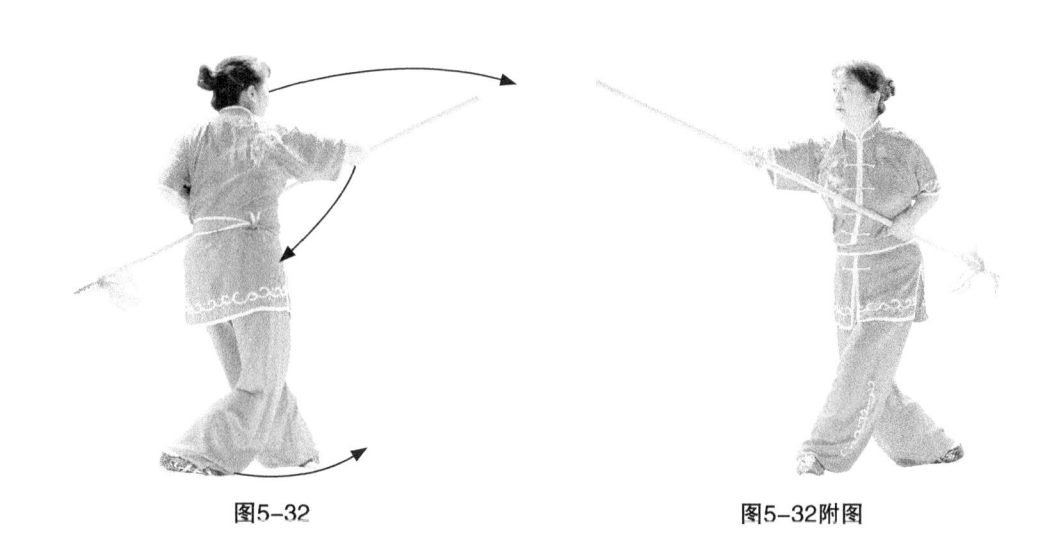

图5-32

图5-32附图

2. 重心下移并落向左脚，右脚尖向前点地成虚步状；同时右手快速回收至右肩旁，左手持枪顺势向右横击；目视枪尖。（图5-33）

图5-33

115

（十）怀中抱月

1. 两脚分立成马步；左手握于枪杆中部，自下而上持枪至头部左侧，右手顺势握于枪把上方一臂处并放至腰间；目视前方。（图5-34）

图5-34

2. 下肢保持马步；左手持枪呈立圆，由上而下将枪身贴于左臂，右手顺势向前挑出；目视前方。（图5-35）

图5-35

（十一）斜格枪

1. 下肢成右虚步；左手握于枪身中段收于左肩前，枪尖向后，右手滑枪挑把；目视枪把。（图5-36、图5-36附图）

图5-36

图5-36附图

2. 起身,提左膝;左手握枪身收于腰间,右手顺势上提使枪把向上,枪尖斜向下方。(图5-37)

图5-37

3. 右腿屈膝下蹲,左脚向前蹬出,脚跟触地,膝盖微屈;同时两手握枪向前推出,枪尖指向左前方;目视枪尖。(图5-38)

图5-38

（十二）歇步崩枪

双腿站立；双手持于枪把，右脚向身体后方退步，左腿膝盖紧贴右腿膝窝后叉成歇步；右手回抽崩枪，枪尖向上短用力崩弹，力达枪尖，使枪杆颤动。上崩枪枪尖高不过头；平崩枪枪尖高不过胸，低不过腰；下崩枪枪尖高不过膝，低不触地。（图5-39、图5-40）

图5-39

图5-40

图5-40附图

第四节　二人攻防组合

一、组合一

1．（浅色衣服为甲，深色衣服为乙）甲、乙两人双脚并步，平行站立，间隔距离约2米；左臂垂于体侧，手指向下，手心向里，右手抓握枪身置于右腰侧；目视前方。（图5-41）

图5-41

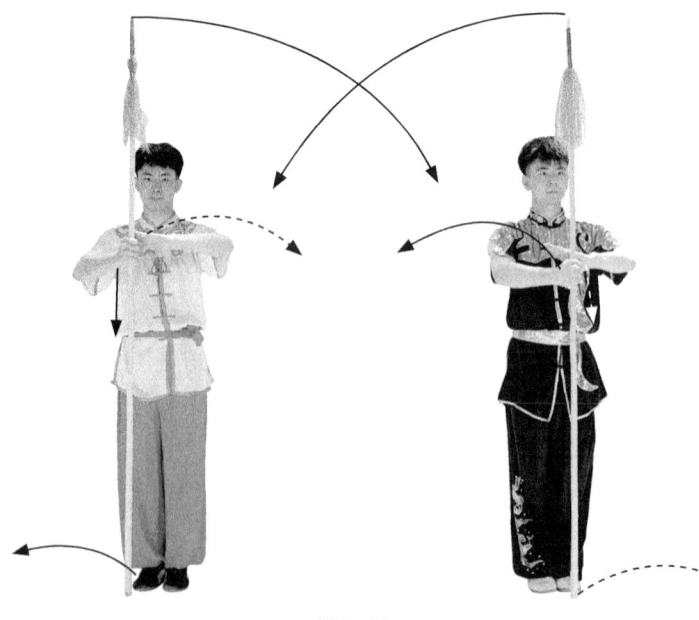

2．甲、乙两人左手成掌，右手握枪身，两手贴身上提至腰间，经胸口向前推出，行持枪礼；目视前方。（图5-42）

图5-42

第五章　峨眉枪基本动作及方法

3. 甲右手紧握枪把，左手松握枪杆，由下向上滑握至枪中段，使枪置于体前，随后，持枪向前与乙对持枪，同时右脚向后撤步，右腿弯曲，左腿弯曲成马步，目视对方；乙与甲方向对立，动作相同；目视对方。（图5-43、图5-43附图）

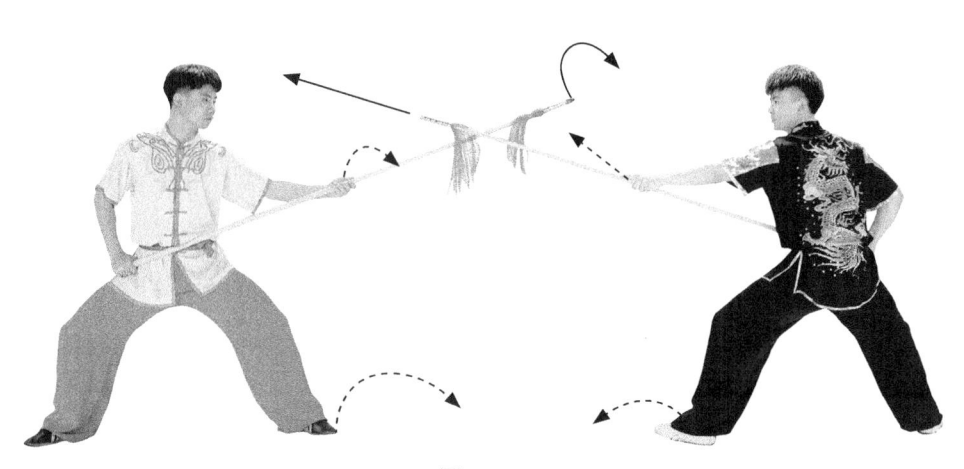

图5-43

图5-43附图

4. 乙持枪向前上方扎甲头部；同时左脚向前上半步，右腿伸直，左腿屈膝成左弓步；目视对方。甲左脚向左侧上步侧身躲闪；同时左手握枪向右横击，使枪身格挡乙的进攻；目视枪尖。（图5-44、图5-44附图）。

图5-44

图5-44附图

5. 甲右手紧握枪把，左手松握枪杆，由前向后滑至枪前段，随后，上体左转，左手屈肘由前向后贴于左臂，右手松握枪杆由后向前滑握至枪中把段向前劈把，顺势向前击打乙方头部；同时右腿屈膝半蹲，右腿屈膝下跪成左骑龙步；目视枪把。乙左右手同时上举，架于头顶格挡甲的进攻；左脚向后撤步，成右弓步；目视枪身。（图5-45）

图5-45

6. 甲左手握枪前段，上体右转，枪尖从后向前横击而出攻击乙方躯干，右手顺势收于右臂处；同时右脚向前上步，右腿屈膝半蹲，左腿屈膝下跪成右骑龙步；目视对方。乙右手握枪把，枪身由上而下持于体右侧，格挡甲进攻；目视对方。（图5-46、图5-46附图）

图5-46

图5-46附图

7. 甲右手握枪中把段，上体左转，枪把从后向前横击而出，攻击乙躯干，左手握枪前段，顺势收于左臂；同时，左腿屈膝成马步；目视对方。乙右手握枪把段，上身左转，右手从右往左横格，阻挡甲的进攻；同时，左腿屈膝成马步；目视对方。（图5-47、图5-47附图）

图5-47

图5-47附图

8. 甲、乙两人双脚并步，平行站立；左臂垂于体侧，手指向下，手心向里，右手抓握枪身置于右腰侧；目视前方。（图5-48）

图5-48

9. 甲、乙两人左手成掌、右手握枪身，两手贴身上提至腰间，经胸口向前推出，行持枪礼；目视前方。（图5-49）

图5-49

【动作要点】

1. 甲隔开乙枪后，动作要连贯，不要有停顿。

2. 在拧转时力从脚起，拧腰转髋，力达枪把。

二、组合二

1.（左为甲，右为乙）甲、乙两人双脚并步，平行站立，间隔距离约3米；左臂垂于体侧，手指向下，手心向里，右手抓握枪身置于右腰侧；目视前方。（图5-50）

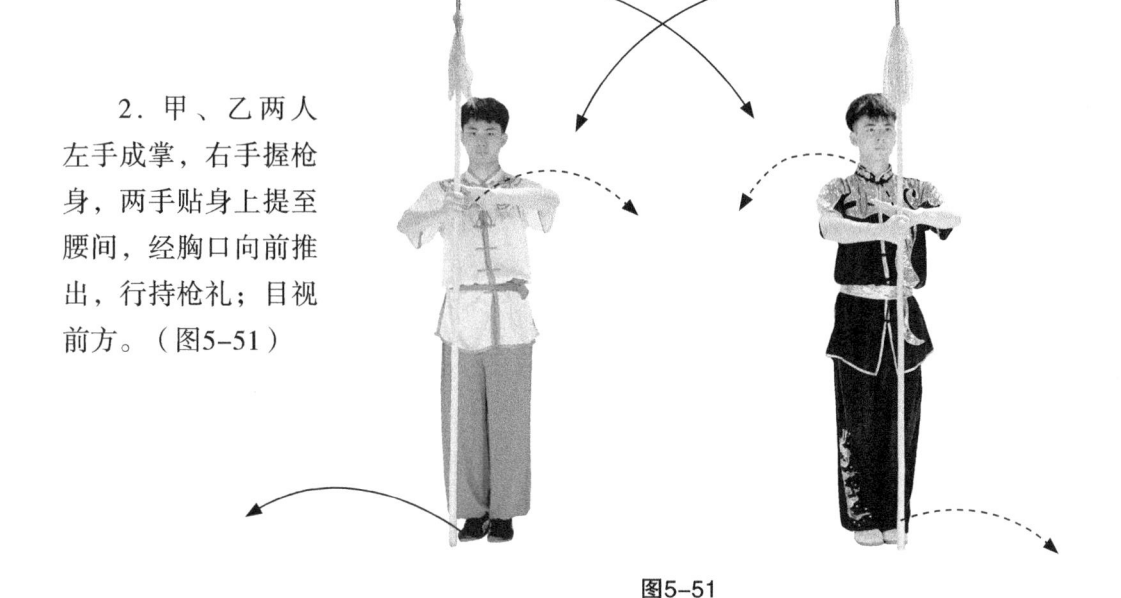

图5-50

2. 甲、乙两人左手成掌，右手握枪身，两手贴身上提至腰间，经胸口向前推出，行持枪礼；目视前方。（图5-51）

图5-51

3. 甲右手紧握枪把，左手松握枪杆，由下向上滑握至枪中段，使枪置于体前，随后，持枪向前与乙对持枪；同时右脚向后撤步，右腿弯曲，左腿弯曲成马步。乙左手紧握枪杆，右手滑至枪把；上体右转，呈马步，与甲动作相反；目视对方。（图5-52、图5-52附图）

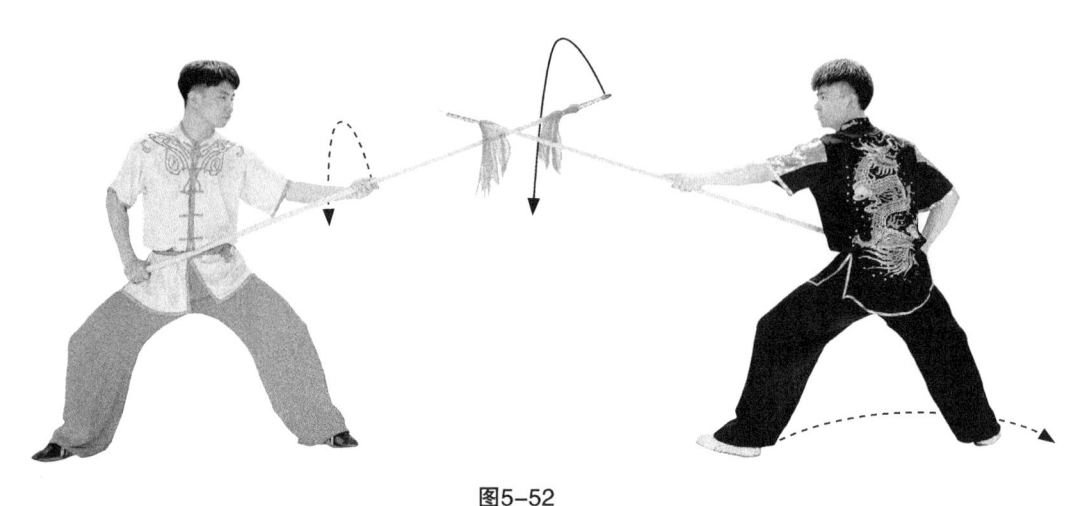

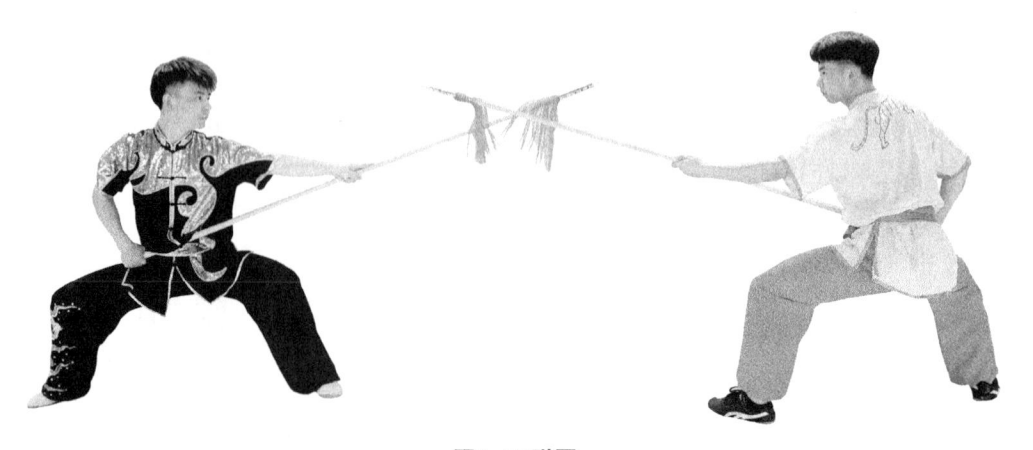

图5-52

图5-52附图

128

4. 甲重心后移；左手握枪杆中段外翻拦枪；目视对方。乙左脚撤步；目视对方。（图5-53、图5-53附图）

图5-53

图5-53附图

峨眉刺　峨眉枪

5. 甲左脚向右前方插步；右手握枪杆中段向内翻拿枪，进攻乙下肢；目视枪尖。乙左脚向上提膝收至胸前，右脚向后跳换步支撑；同时左手握枪杆中段向下拨枪，格挡甲的进攻；目视枪尖。（图5-54、图5-54附图）

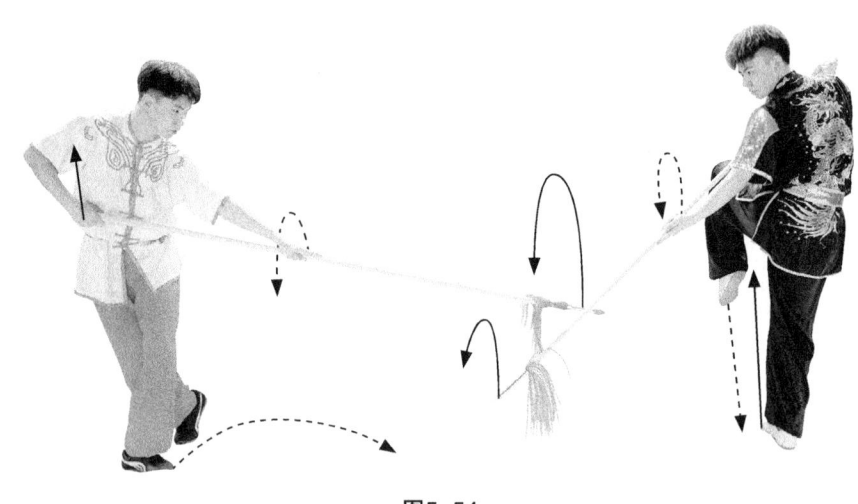

图5-54

图5-54附图

130

6.甲左脚向前上步；左手握枪杆中段外翻拦枪，进攻乙下肢；目视枪尖。乙右脚向上提膝收至胸前，左脚向后换跳支撑；同时左手握枪杆中段向内拨枪，格挡甲的进攻；目视枪尖。（图5-55、图5-55附图）

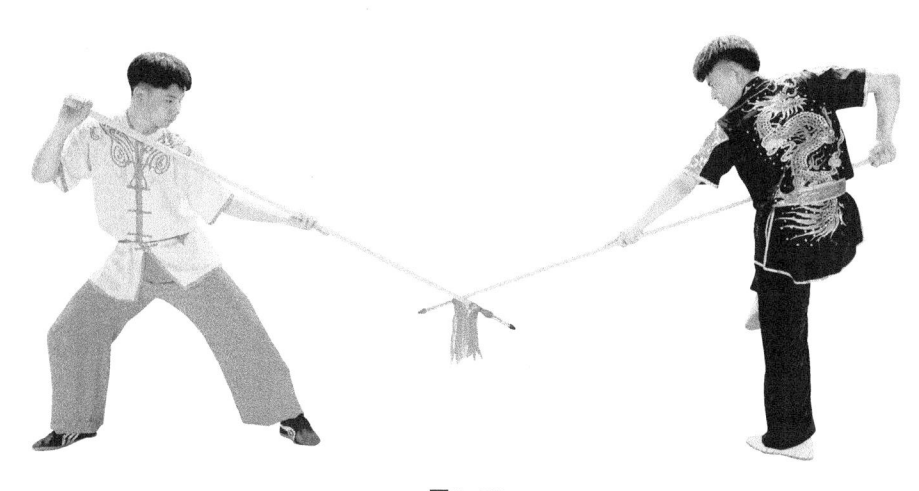

图5-55

图5-55附图

7. 重复4动。（图5-56、图5-56附图）

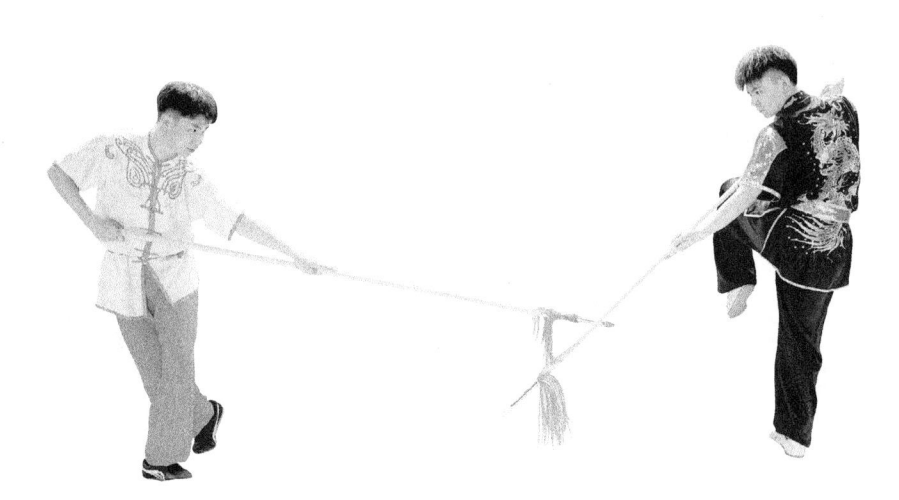

图5-56

图5-56附图

第五章　峨眉枪基本动作及方法

8. 重复5动。（图5-57、图5-57附图）

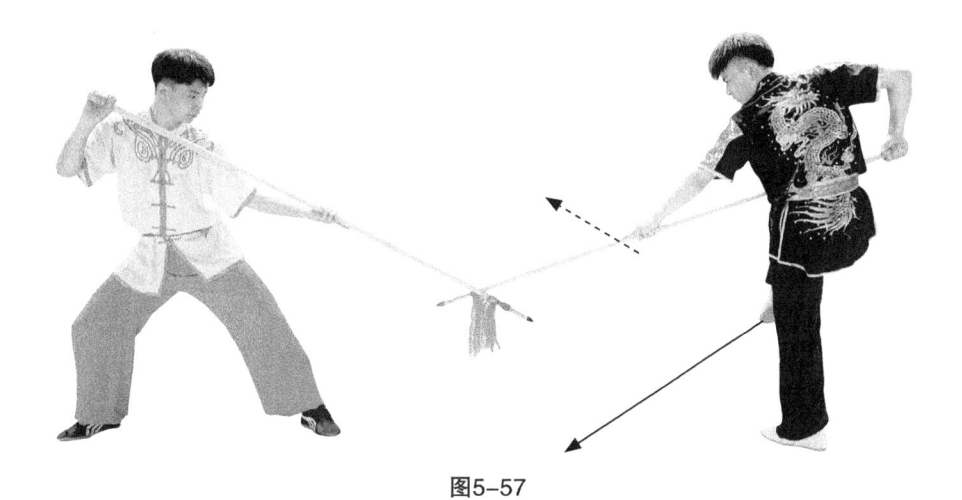

图5-57

图5-57附图

133

9.乙右脚向前迈步下落，同时向前拿枪；目视对方。（图5-58、图5-58附图）

图5-58

图5-58附图

10. 甲收左脚并步；左手握枪杆中段，右手滑把至枪杆把段收枪至左臂侧；目视对方。乙左脚向前上步；同时右手紧握枪把，左手滑把至枪杆前段。随后左手紧握枪把，右手反手握枪滑把向前，使枪把由后向前挑甲枪，然后左手向前，右手向后使枪由前向后架于左肩，最后左手收于左肩上，右手握于枪缨处，双手间隔约37厘米；目视对方。（图5-59、图5-59附图）

图5-59

图5-59附图

11. 甲侧头屈膝下蹲，躲闪乙进攻；目视对方。乙上右脚屈膝半蹲；同时左手握枪向前扎向甲头部；目视前方。（图图5-60、图5-60附图）

图5-60

图5-60附图

12. 甲、乙两人双脚并步，平行站立；左臂垂于体侧，手指向下，手心向里，右手抓握枪身置于右腰侧；目视前方。（图5-61）

13. 甲、乙两人左手成掌，右手握枪身，两手贴身上提至腰间，经胸口向前推出，行持枪礼；目视前方。（图5-62）

图5-61

图5-62

【动作要点】

1. 甲动作要连贯,不要有停顿,注意不要起伏。
2. 乙跳换步要灵活,换把位置要准确。

三、组合三

1. (左为甲，右为乙) 甲、乙两人双脚并步，平行站立，间隔距离约2米；左臂垂于体侧，手指向下，手心向里，右手抓握枪身置于右腰侧；目视前方。(图5-63)

2. 甲、乙两人左手成掌，右手握枪身，两手贴身上提至腰间，经胸口向前推出，行持枪礼；目视前方。(图5-64)

图5-63

图5-64

3. 甲右手紧握枪把，左手松握枪杆，由下向上滑握至枪中段，使枪置于体前，随后持枪向前与乙对持枪；同时右脚向后撤步，右腿弯曲，左腿弯曲成马步。乙左手紧握枪杆，右手滑至枪把；上体右转，呈马步，与甲动作相反；目视对方。（图5-65、图5-65附图）

图5-65

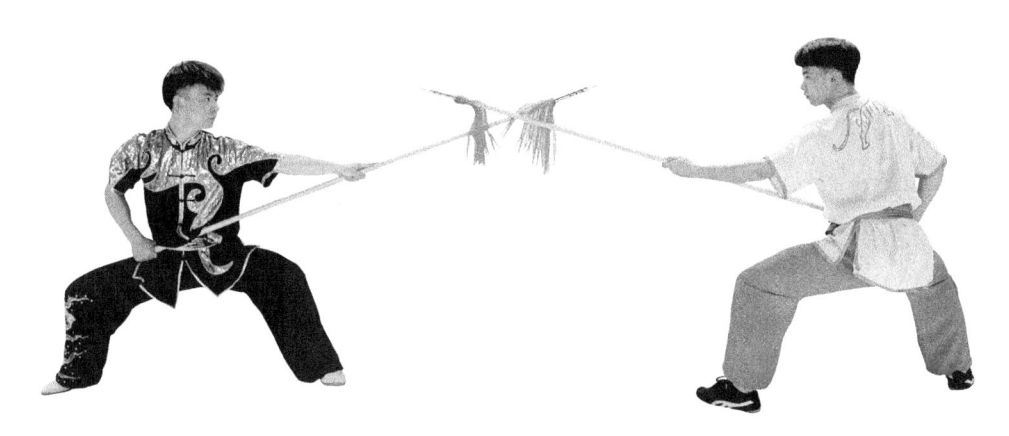

图5-65附图

4.甲左脚后撤；右手向后拉枪准备出枪；目视对方。乙左手紧握枪杆中段，屈臂收至左胸前，右手由后向前滑把至枪身中后段，使枪把位于体前；同时右脚向前迈步；目视对方。（图5-66、图5-66附图）

图5-66

图5-66附图

5. 甲右脚向后撤步；右手紧握枪把向前扎出，进攻乙头部；目视枪尖。乙左脚跷起，上体右转；同时右手屈肘向后，左手顺势向下使枪倒置，用枪把格挡甲的进攻；目视对方。（图5-67、图5-67附图）。

图5-67

图5-67附图

峨眉刺　峨眉枪

6. 甲右手紧握枪把，收枪至腰后准备下次出枪；目视对方。乙上体继续右转；左手由下向上使枪至于体前，右手顺势收于右腰处；目视枪尖。（图5-68、图5-68附图）

图5-68

图5-68附图

142

7. 甲右手紧握枪把向前扎出，进攻乙头部；目视枪尖。乙左手握枪杆中段，由下向上迅速收至右肩前，格挡甲的进攻；目视对方。（图5-69、图5-69附图）

图5-69

图5-69附图

8.甲右手紧握枪把，收枪至腰后准备再次出枪；目视对方。乙右手换把至枪杆中前段，左手滑把至枪杆中后段，随后右手屈肘向后收于右腰间，左手顺势向前使枪置于体前；目视对方。（图5-70、图5-70附图）

图5-70

图5-70附图

144

9. 甲右手紧握枪把向前扎出，进攻乙头部；目视枪尖。乙左手向斜上方格挡甲的进攻；目视对方。（图5-71、图5-71附图）

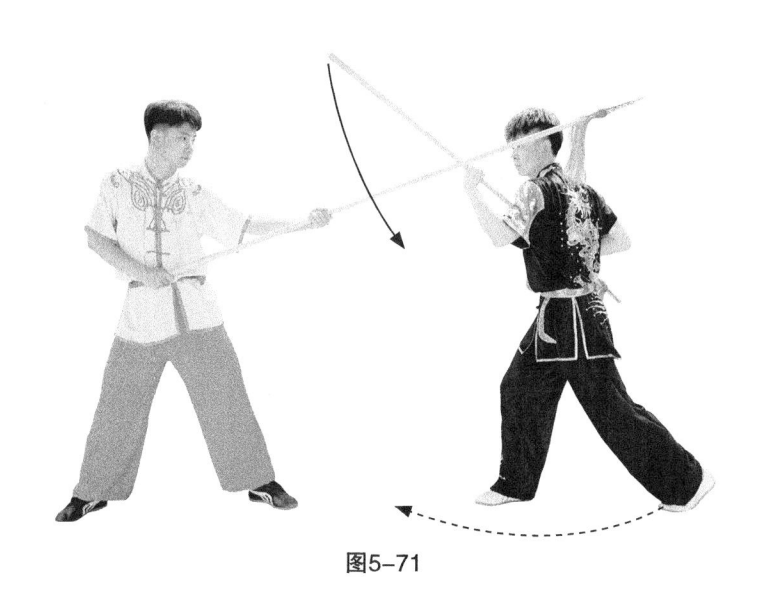

图5-71

图5-71附图

峨眉刺　峨眉枪

10. 乙左脚向前上步；同时左手紧握枪杆带甲枪下压，顺势收体侧斜置；目视对方。（图5-72、图5-72附图）

图5-72

图5-72附图

146

11. 甲侧身躲闪乙进攻；目视对方。乙上右脚屈膝半蹲；同时左手握枪向前扎向甲头部；目视对方。（图5-73、图5-73附图）

图5-73

图5-73附图

12. 甲、乙两人双脚并步，平行站立；左臂垂于体侧，手指向下，手心向里，右手抓握枪身置于右腰侧；目视前方。（图5-74）

图5-74

13. 甲、乙两人左手成掌，右手握枪身，两手贴身上提至腰间，经胸口向前推出，行持枪礼；目视前方。（图5-75）

图5-75

【动作要点】

1. 乙动作快速流畅，注意格挡时枪贴身。

2. 甲扎枪快速准确，定点扎出。

148

四、组合四

1.（左为甲，右为乙）甲、乙两人双脚并步，平行站立，间隔距离约2米；左臂垂于体侧，手指向下，手心向里，右手抓握枪身置于右腰侧；目视前方。（图5-76）

2.甲、乙两人左手成掌，右手握枪身，两手贴身上提至腰间，经胸口向前推出，行持枪礼；目视前方。（图5-77）

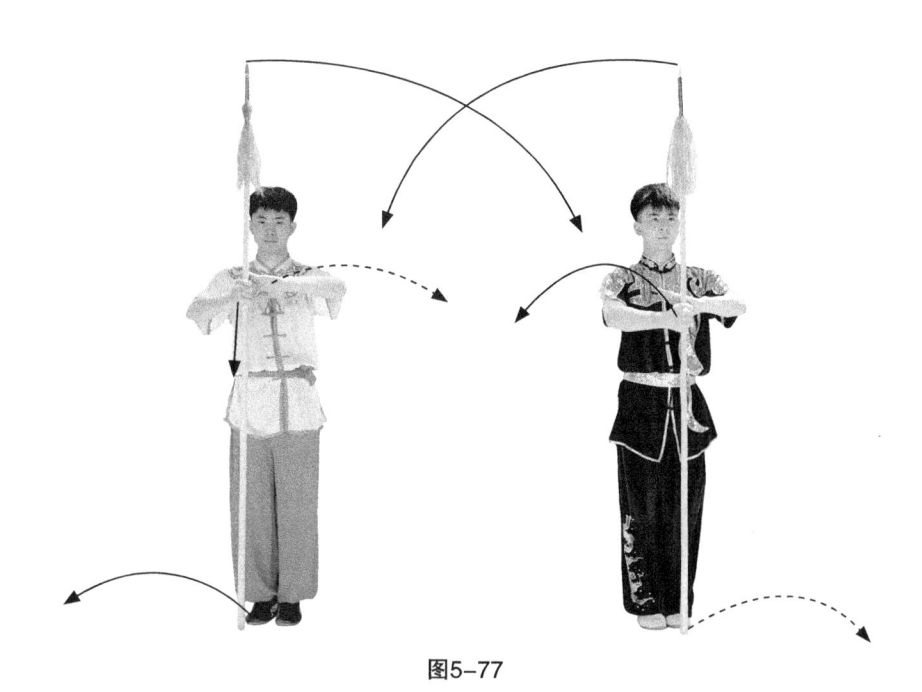

图5-76

图5-77

峨眉刺　峨眉枪

3. 甲右手紧握枪把，左手松握枪杆，由下向上滑握至枪中段，使枪位于体前，随后持枪向前与乙对持枪；同时右脚向后撤步，右腿弯曲，左腿弯曲成马步。乙左手紧握枪把，右手滑至枪把；上体右转，呈马步，与甲动作相反；目视对方。（图5-78、图5-78附图）

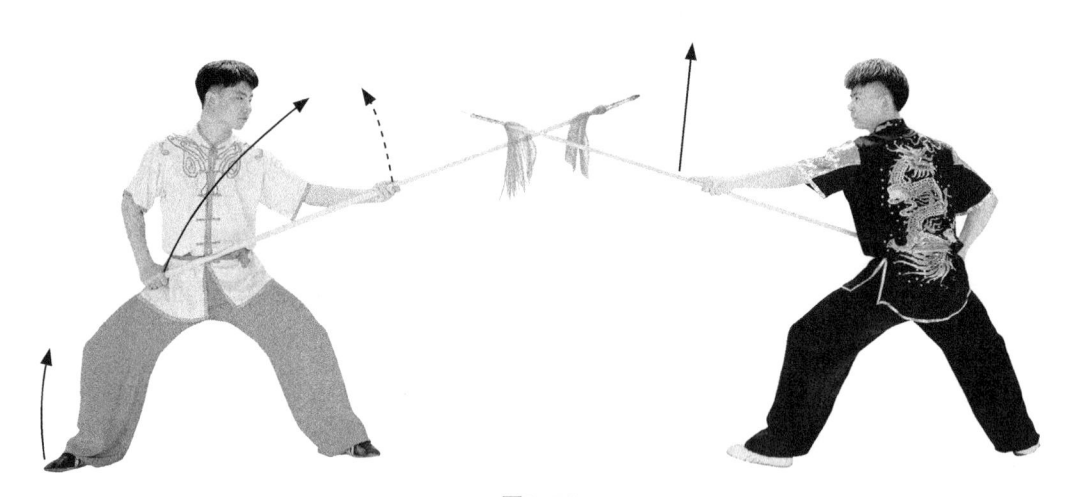

图5-78

图5-78附图

150

4.甲右腿提膝收至左腿膝后；同时右手紧握枪把，左手由枪杆中段滑把至枪把处向前点枪，攻击乙头部；目视枪尖。乙双手向上举枪，格挡甲的进攻；同时右腿蹬伸成弓步；目视对方。（图5-79、图5-79附图）

图5-79

图5-79附图

151

5. 甲右脚向后落步；同时右手紧握枪把，收枪至右腰处，左手滑把至枪杆中段向前崩枪，攻击乙头部；目视枪尖。乙右脚向前迈步，左脚踮起；同时左手屈臂，右手向前推出格挡甲的进攻；目视对方。（图5-80、图5-80附图）

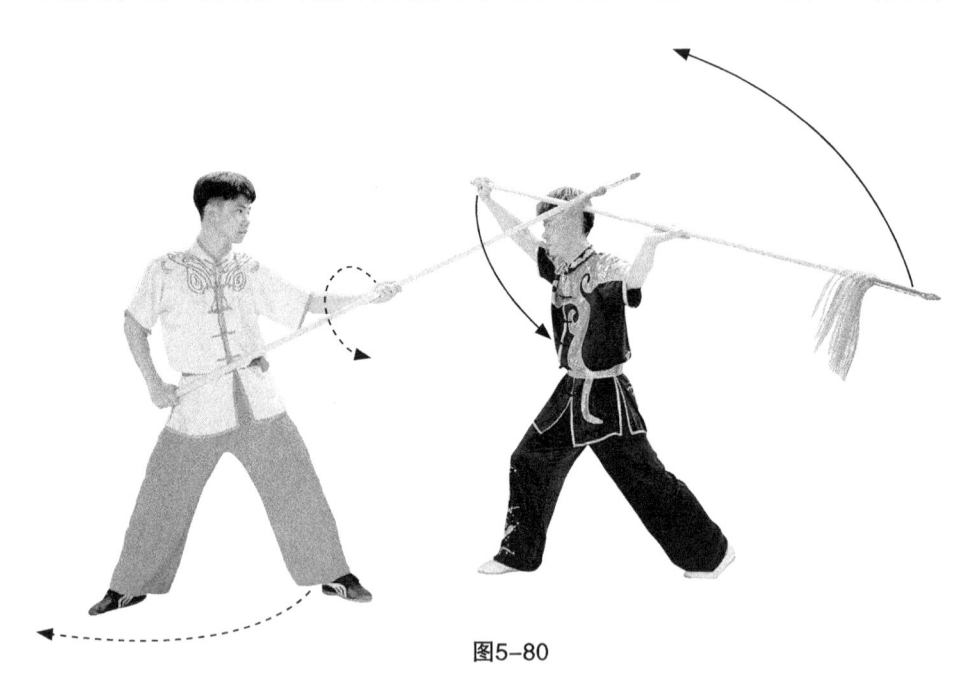

图5-80

图5-80附图

6. 甲左脚向后盖步俯身，右腿屈膝；同时左肩内卷，右手上翻向左后方格出；目视枪尖。乙左腿屈膝上体前俯；同时右臂屈肘收于右腰处，左手顺势由后向前下方扫出，攻击甲后脚；目视枪尖。（图5-81、图5-81附图）

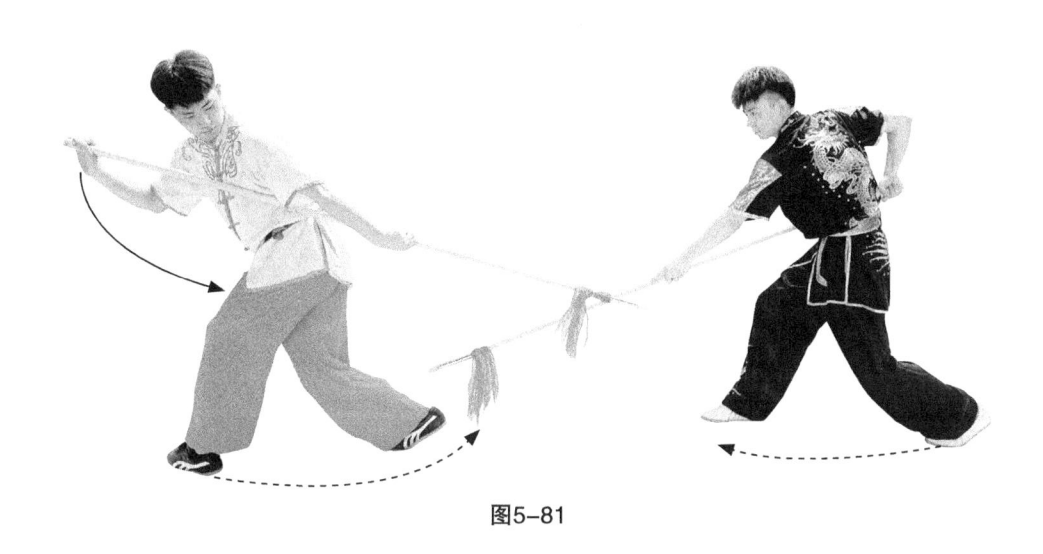

图5-81

图5-81附图

7. 甲左脚上步翻身，右脚换步外展；同时左手持枪杆中段，由下向上带枪置于体前，右手锁在右腰处；目视枪尖。乙左脚上步；左手持枪置于体前；目视对方。（图5-82、图5-82附图）

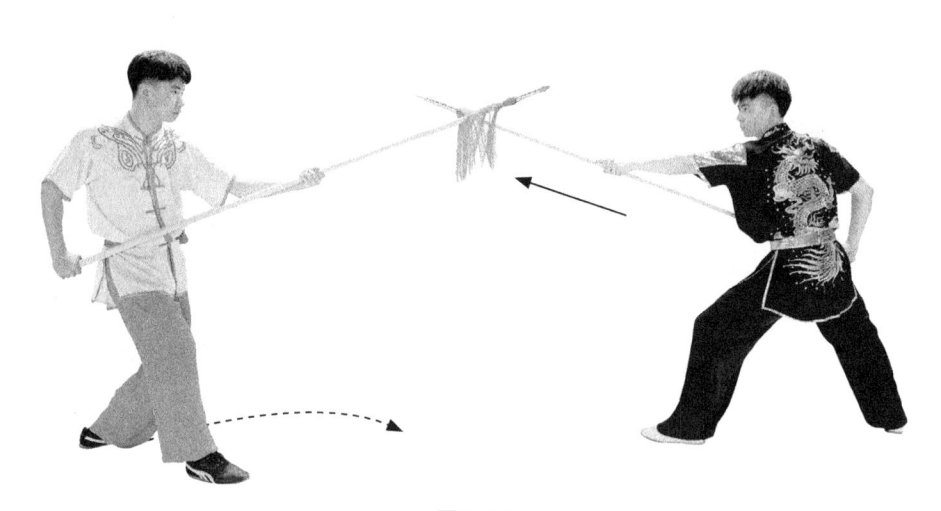

图5-82

图5-82附图

第五章　峨眉枪基本动作及方法

8. 甲上左脚拦枪，格挡乙进攻；目视对方。乙右脚蹬伸，重心前移成左弓步；左手持枪向前扎枪，攻击甲头部；目视枪尖。（图5-83、图5-83附图）

图5-83

图5-83附图

9. 甲右脚上步外展拿枪，格挡乙进攻，使乙右手脱把；目视对方。乙左脚撤步；目视对方。（图5-84、图5-84附图）

图5-84

图5-84附图

10. 甲左脚向前上步，右脚蹬伸；同时右手紧握枪把向前实扎，攻击乙头部；目视对方。乙上体左转侧头躲闪；目视对方。（图5-85、图5-85附图）

图5-85

图5-85附图

11. 甲、乙两人双脚并步，平行站立；左臂垂于体侧，手指向下，手心向里，右手抓握枪身置于右腰侧；目视前方。（图5-86）

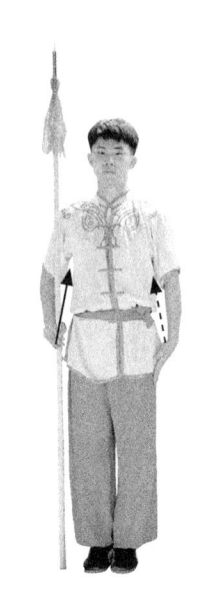

图5-86

12. 甲、乙两人左手成掌，右手握枪身，两手贴身上提至腰间，经胸口向前推出，行持枪礼；目视前方。（图5-87）

图5-87

【动作要点】

1. 甲动作连贯流畅，注意枪贴身走立圆。

2. 乙出枪快速准确。

第六章　峨眉枪套路动作图解

第一节　峨眉枪枪谱名称

第一段

第 一 式　起势　　　　　　　　第 二 式　持枪礼
第 三 式　摸枪　　　　　　　　第 四 式　跳步卷枪
第 五 式　斜格枪　　　　　　　第 六 式　提膝点枪
第 七 式　提膝格枪　　　　　　第 八 式　马步拿枪
第 九 式　弓步扎枪　　　　　　第 十 式　马步单杀手扎
第十一式　转身换步拦、拿枪　　第十二式　跟步上扎枪
第十三式　上步点枪　　　　　　第十四式　跳步接歇步压枪
第十五式　转身实扎　　　　　　第十六式　上步提膝盖把
第十七式　虚步右横击枪　　　　第十八式　转身左虚步扫、击枪
第十九式　震脚虚步架枪

第二段

第二十式　上步提膝点枪　　　　第二十一式　退步转身劈枪
第二十二式　上步单杀手扎　　　第二十三式　上右步上绞枪
第二十四式　上左步下绞枪　　　第二十五式　回身左提膝卷枪
第二十六式　弧形步拦枪　　　　第二十七式　盖步单手扎枪
第二十八式　撤步抛杆　　　　　第二十九式　左退步侧身右扎枪
第三十式　右退步侧身左扎枪　　第三十一式　撤左步翻身回马枪

第三段

第三十二式　舞花枪　　　　　　第三十三式　二郎砍山

第三十四式	大蟒翻身	第三十五式	左上步斜上扎枪接退步戳把
第三十六式	歇步崩枪	第三十七式	持枪上步挑把
第三十八式	怀中抱月		

第四段

第三十九式	提膝换跳弹踢	第四十式	迈脚下蹲格枪
第四十一式	撩枪滑把扎枪	第四十二式	格挡戳地复实扎
第四十三式	迴龙枪	第四十四式	托手圈枪
第四十五式	探草寻蛇	第四十六式	点水盖提
第四十七式	腾蛇扎	第四十八式	迴龙扎
第四十九式	勾封实扎	第五十式	跳步卷枪
第五十一式	斜格枪	第五十二式	提膝点枪
第五十三式	收势		

第二节　峨眉枪套路动作图解

第一段

第一式　起势

上体正对前方，两脚并步站立；左臂自然下垂于身体左侧，左手掌贴于大腿外侧，右手握于枪身中段并紧贴身体右侧，虎口朝前，掌心朝下，使枪把朝向右后方着地；两眼平视前方。（图6-1）

【易犯错误】

两脚未并拢，下垂手掌未贴紧大腿外侧，驼背。

【动作要点】

百会上领，下颚微收，身体中正，枪轻贴于身体右侧，目视前方。

图6-1

第二式　持枪礼

1. 接上势。左手成掌，右手紧握枪身中段位置，两手贴身向上提至腰间。（图6-2）

2. 随后，两手经胸口朝正前方推出；目视前方。（图6-3、图6-3附图）

【易犯错误】

1. 两手贴身上提至腰间时，两肘外展。

2. 两手未经胸口直接向前推出。

【动作要点】

尾闾中正，含胸拔背，大椎穴后撑。

图6-2

图6-3

图6-3附图

第三式 摸枪

1. 接上势。两膝并拢微屈；同时，左手向内旋腕，自上而下滑把握于枪身中段，右手滑至枪尾处收于腰间，左手摸枪并将枪杆滑拉于身体左侧；目视枪尖。（图6-4）

2. 右手紧握枪尾，经胸口快速藏于左腋下，同时右肩向内卷收，左臂紧贴枪身；目视枪尖。（图6-5）

图6-4

图6-5

【易犯错误】

1. 左手摸枪时，身体向左转。
2. 右手收于左腋时未紧贴身体。

【动作要点】

1. 摸枪屈膝同时完成，向左摆头看枪尖。
2. 向内卷收时含胸拔背。

第四式　跳步卷枪

1. 接上势。右脚向身体右侧小跨步；左手滑枪于枪杆中段，右手握枪把向上搅枪；目视枪尖。（图6-6）

2. 身体重心转移到右脚，左脚向身体前方落步成左虚步；左手封枪，右手顺势下落于腹前。（图6-7）

图6-6

图6-7

3. 左肩叠肩卷枪，右手上翻至右肩前，枪尖指向左下方；目视枪尖。（图6-8）

【易犯错误】

上搅枪时左手未滑枪，卷枪时未叠肩。

【动作要点】

卷枪时含胸拔背，左肩微扣，眼随枪走。

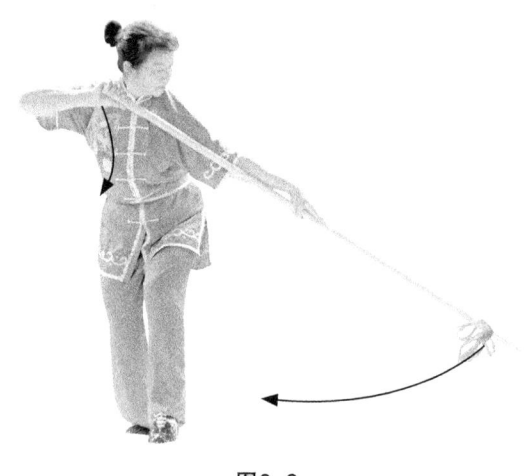

图6-8

第五式　斜格枪

1. 接上势。虚步不动；左手握枪，使枪尖划弧扫至左脚前，右手顺势收于右腰间；目视枪尖。（图6-9）

图6-9

2. 虚步不动；左手握枪经上方收于左肩前，枪尖向后，右手顺势滑枪挑把；目视枪把。（图6-10、图6-10附图）

图6-10　　　　　　　　　　图6-10附图

3. 起身，提左膝；左手握枪身收于腰间，右手顺势上提使枪把向上。（图6-11）

图6-11

4. 右腿屈膝下蹲，左脚向前蹬出，脚跟触地；同时，两手握枪向前推出，枪把高于枪尖，枪尖指向左前方；目视枪尖。（图6-12）

【易犯错误】

枪划弧未成立圆，下格枪时左脚脚尖落地。

【动作要点】

枪划弧时贴身成立圆，下格枪时左脚与两手同时推出，枪尖指向斜下方。

图6-12

第六式 提膝点枪

图6-13

1. 接上势。重心前移；右手将枪把前压，左手托于枪身中段，枪尖指向后上方；目视前方。（图6-13）

2. 随后，起身提右膝，右脚尖紧扣于左膝后，左腿微屈；左手滑枪至枪把，同时右手握枪把上提，枪尖下点；目视枪尖。（图6-14、图6-14附图）

图6-14

图6-14附图

【易犯错误】

1. 枪尖未向前下方。
2. 右脚脚尖未紧扣左膝后方。

【动作要点】

两手快速上提，枪尖下点，力达枪尖。

第七式　提膝格枪

1. 接上势。右脚向前方上步；同时右手握枪把回收至右腰间，左手滑把至枪杆中部于身体前方；目视枪尖。（图6-15、图6-15附图）

图6-15　　　　　图6-15附图

2. 提左膝，右腿微屈；同时左手握枪身，向身体左侧斜下方格枪，右臂屈肘，右手持枪把至右肩前，左肩向内微卷；目视枪尖。（图6-16）

【易犯错误】

格枪未至体左侧斜下方。

【动作要点】

左手握枪身向身体左侧斜下方格枪时，右腿微屈，含胸拔背。

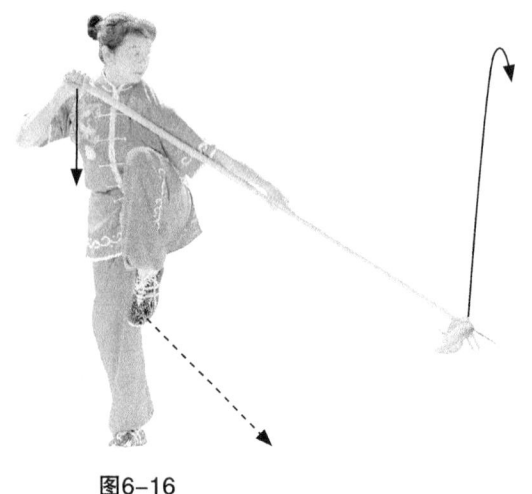

图6-16

第八式　马步拿枪

接上势。左脚向身体左侧落步，下肢成马步；右手握枪把回收于右侧腰间，左手持枪身向内划弧拿枪；目视枪尖。（图6-17、图6-17附图）

图6-17

图6-17附图

【易犯错误】

枪尖向内划弧时未成倒"U"形。

【动作要点】

枪尖由左侧经上方向右划成倒"U"形。

第九式　弓步扎枪

接上势。蹬右脚由马步变为左弓步；左手顺势滑把，同时右手持枪把，从腰间向前水平扎出，力达枪尖；目视前方。（图6-18）

图6-18

【易犯错误】

未力达枪尖，枪尖、手腕和肩未成水平。

【动作要点】

蹬右脚由马步变左弓步时，力由脚跟经腰部达枪尖，枪尖、手腕和肩成水平，身体中正，目视前方。

第十式　马步单杀手扎

1. 接上势。身体向左拧转，双腿交叉，双膝微屈靠立；两手紧握枪把，随身体转动回收至胸前，枪身成一条水平直线。（图6-19、图6-19附图）

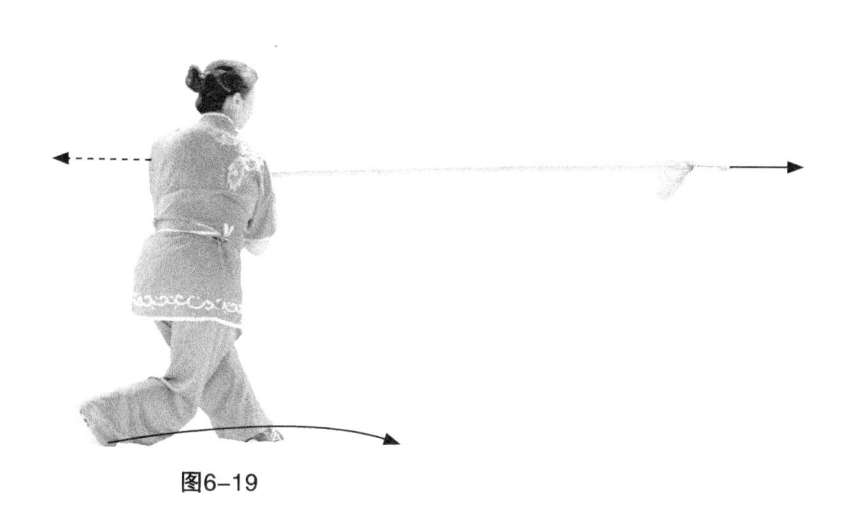

图6-19

图6-19附图

峨眉刺　峨眉枪

2. 随后右脚向右侧大跨步成马步；右手紧握枪把，向身体右侧水平扎出，同时，左手向斜上方撑掌推出并保持，随后右手持枪快速回收至右肩旁；目视枪尖。（图6-20、图6-21）

图6-20

图6-20附图

172

图6-21

图6-21附图

【易犯错误】

1. 未力达枪尖,枪未扎平。
2. 平扎枪之后未快速收回于右肩旁。

【动作要点】

右脚跨步时,右手快速扎出,力达枪尖,干脆有力。

第十一式　转身换步拦、拿枪

接上势。身体向右转动，震右脚；右手紧握枪把收于腰间，左手顺势握于枪身中段做拦枪；随后，左脚上步拿枪。（图6-22、图6-23、图6-23附图）

【易犯错误】

拦、拿枪时枪尖划弧未成"n"形。

【动作要点】

拦枪时枪尖由经右上向左划成n形；拿枪时枪尖由左经上向右划成n形。

图6-22

图6-23　　　　　　　　　　　　　图6-23附图

第十二式 跟步上扎枪

1. 接上势。向前方上右步。（图4-24）
2. 左脚跟进一脚距离，双腿下蹲，左腿膝盖略平行于地面但不贴地，后脚脚尖支撑点地，前脚全脚掌着地，重心于两脚之间；同时，双手握于枪把，枪尖自下方向斜上方扎出，手臂与枪杆成一条直线；目视枪尖。（图6-25、图6-25附图）

图6-24

【易犯错误】
1. 枪尖未由下方向斜上方扎出。
2. 两腿屈膝下蹲时左膝着地。

【动作要点】
扎枪时，右手握枪把从右腰间向斜上扎出至胸口，枪尖斜向上，力达枪尖。

图6-25

图6-25附图

第十三式　上步点枪

1. 接上势。重心前移，左脚向左前方上步，双腿半蹲微屈；左手持于枪身中段，右手紧握枪把落于右膝前。（图6-26）

2. 重心上起，左脚起踵，右脚扣于左膝；左手滑枪至枪把，两手握枪把顺势上提，枪尖快速下点；目视枪尖。（图6-27）

【易犯错误】

点枪时枪尖未指向前下方。

【动作要点】

两手快速上提，枪尖下点，力达枪尖，短促有力。

图6-26

图6-27

第十四式　跳步接歇步压枪

1. 接上势。右脚落于身体前方；左手滑把至枪杆中部，右手握枪把回收至腰间，枪尖指向斜上方。（图6-28）

图6-28

2. 上左步；左手滑枪，右手握枪把垂直向上举。（图6-29、图6-30）

图6-29　　　　　图6-30

3. 右脚提膝跳步，左脚跟步并插步于右脚右后方成歇步；右手握枪把，右手腕向身体内侧旋转，经上方向下垂直压把，枪杆紧贴右手手臂，左手滑把于枪杆中部；目视枪把。（图6-31、图6-32、图6-32附图）

图6-31

图6-32

图6-32附图

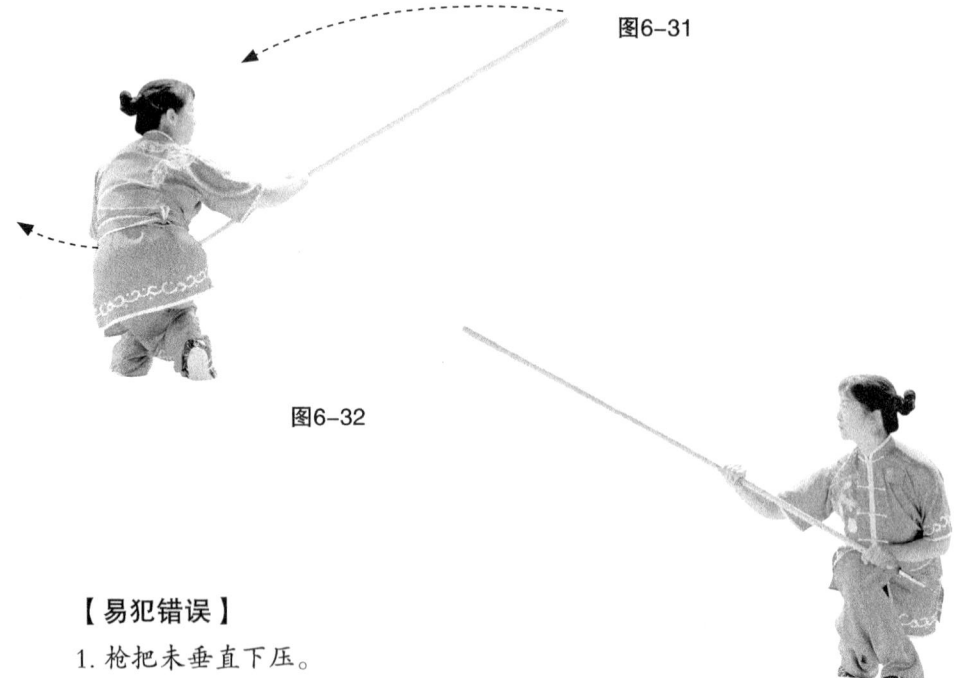

【易犯错误】

1. 枪把未垂直下压。
2. 压把时右手未抓握于枪把。

【动作要点】

枪贴身经斜上方向下划弧压枪。

第十五式 转身实扎

1. 接上势。起身；左手滑枪握住枪身中段，右手握住枪把。（图6-33、图6-33附图）

图6-33

图6-33附图

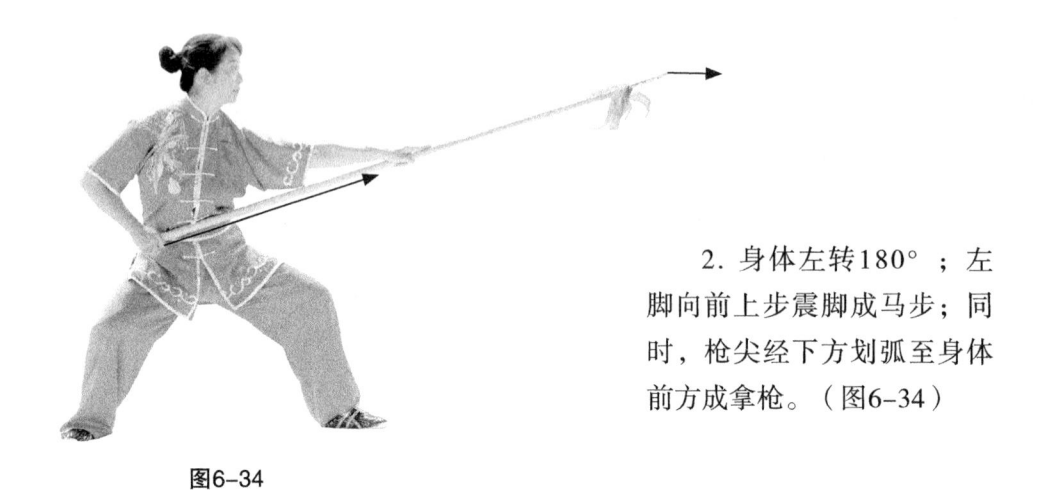

2. 身体左转180°；左脚向前上步震脚成马步；同时，枪尖经下方划弧至身体前方成拿枪。（图6-34）

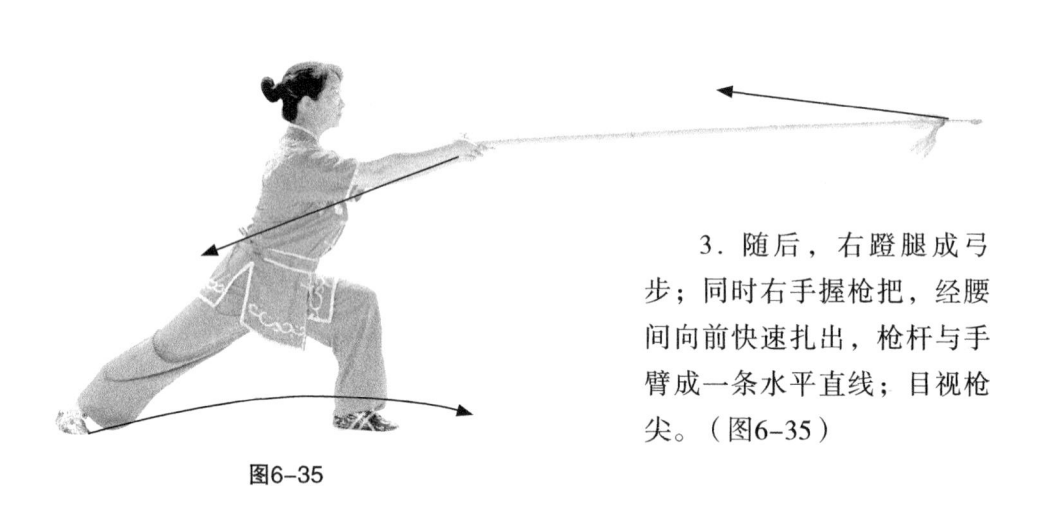

图6-34

3. 随后，右蹬腿成弓步；同时右手握枪把，经腰间向前快速扎出，枪杆与手臂成一条水平直线；目视枪尖。（图6-35）

图6-35

【易犯错误】

1. 转身拿枪时枪尖划弧未成倒"U"形。
2. 扎枪时未力达枪尖。
3. 枪杆与手臂未成一条水平直线。

【动作要点】

转身拿枪时枪尖由左经上方向右划成倒"U"形；蹬右脚由马步变左弓步时，力由脚跟经腰达枪尖，眼随枪走。

第十六式　上步提膝盖把

1. 接上势。重心向前，上右步；同时右手回收至右腰间，左手滑枪至枪身中段位置，枪杆放于胸前；目视前方。（图6-36）

图6-36

2. 右手握枪把，经上方向下呈立圆盖把，左手随枪杆运转后叠肘收于身体左侧，同时提左膝；目视枪把。（图6-37、图6-37附图）

【易犯错误】

1.左手未滑枪。

2.盖把时枪把漏出太短，不足一臂距离。

【动作要点】

右手回收至右腰间时，左手滑把；盖把时，右手往胸口滑把，力达枪把。

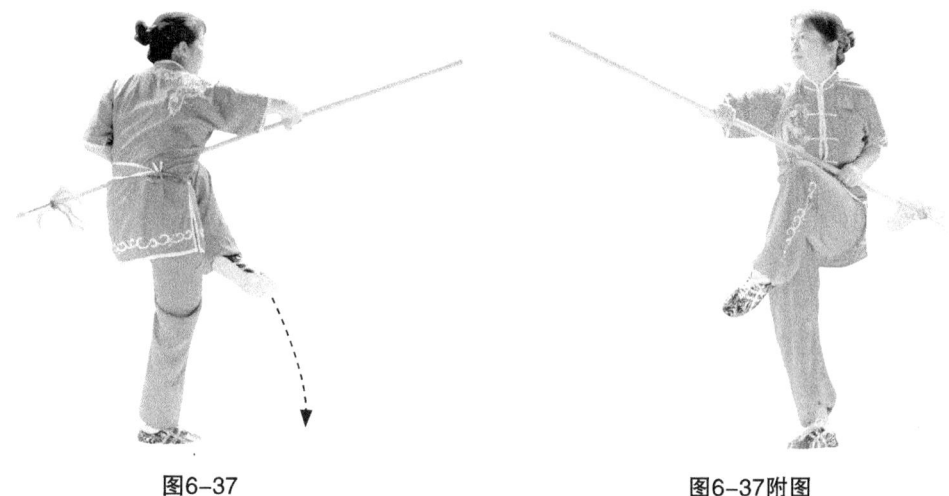

图6-37　　　　　　　图6-37附图

第十七式　虚步右横击枪

1. 接上势。重心向下转移，左脚向左前方落步；左右手持枪保持不变。（图6-38、图6-38附图）

图6-38

图6-38附图

2. 右手握枪把，经身体前方向右成平圆横扫回收至右肩旁，右手手肘折叠，左手顺势向右横击；同时，右脚向前轻点成虚步，枪尖略高于枪把；目视枪尖。（图6-39）

【易犯错误】

1. 左、右手未滑枪。
2. 右手手肘未折叠内收；右手手臂内侧紧贴身体右侧。

【动作要点】

右手回收至右肩旁时，右手滑枪；左手顺势向右横击时，左手滑枪。

图6-39

第十八式　转身左虚步扫、击枪

1. 接上势。身体上起，左转270°；左脚往左后方撤步；左手滑枪拉至身体左侧，右手顺势落于右腰间；目视枪尖。（图6-40）

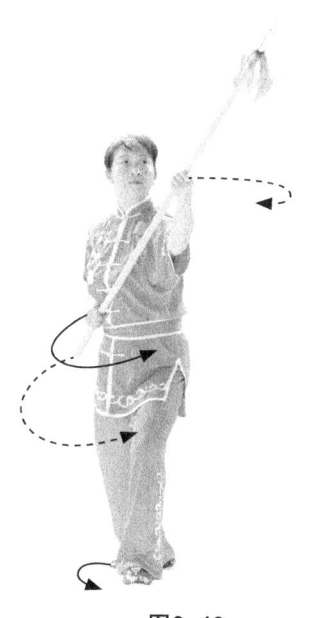

图6-40

2. 右脚向前上步成虚步；左手握枪使枪尖贴于左肩旁，右手顺势向前下方扫枪把；目视枪把。（图6-41）

图6-41

3. 右脚向右前方上步；右手叠肘回收至右肋旁，左手顺势由前向右横击，力达枪杆前端；目视枪尖。（图6-42）

【易犯错误】

1. 转身时左脚未摆脚。
2. 向右横击时未扫向斜下方。

【动作要点】

左脚往左后方撤步，脚跟落地，脚掌向左摆动落地，力达枪杆前端。

图6-42

第十九式　震脚虚步架枪

1. 接上势。右脚回收至左脚旁震脚；同时，右手滑枪至枪把并收于右腰间。（图6-43、图6-43附图）

图6-43

图6-43附图

2.随后,左脚向前上步成右虚步;左手握枪身中段,由身体正前方向斜下后方划弧格挡,左肩微向内收,同时,右手紧握枪把顺势向额前架枪;目视枪尖。(图6-44、图6-44附图)

【易犯错误】

枪尖未向斜下后方划弧格挡。

【动作要点】

左手握枪身向斜下后方划弧格挡,枪尖向身体左后方划弧,身体略微前倾,看向枪尖方向。

图6-44

图6-44附图

第二段

第二十式　上步提膝点枪

1. 接上势。重心下移，左脚向左前方上步；右手握枪把垂直下压，左手持枪顺势移至胸前，使枪杆垂直于地面。（图6-45）

2. 随后，左手滑枪至枪把，两手握枪把上提至额前，向下点枪；同时，右脚上步，脚尖扣于左膝后紧贴，左腿膝部微屈；目视枪尖。（图6-46）

图6-45

图6-46

【易犯错误】
枪尖未向前下方。

【动作要点】
两手快速上提，枪尖下点，力达枪尖。

第二十一式　退步转身劈枪

1. 接上势。重心下移，身体向右转90°；右脚向右后方撤步，右脚脚尖外摆；左手滑枪至枪杆中段，右手握枪把顺势回抽至右腰间。（图6-47）

图6-47

2. 左脚向右侧方盖步；左手握枪紧贴于身体左侧由上至下呈立圆划弧。（图6-48）

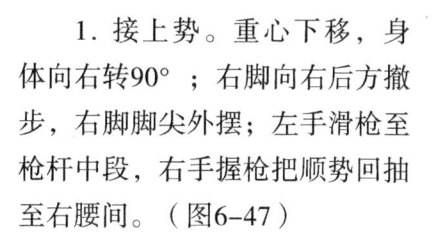

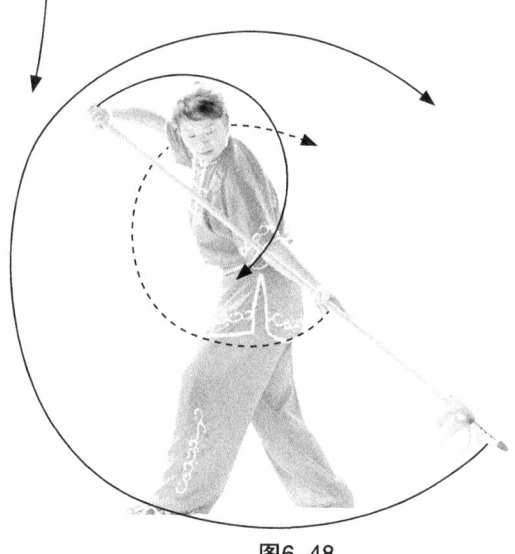

图6-48

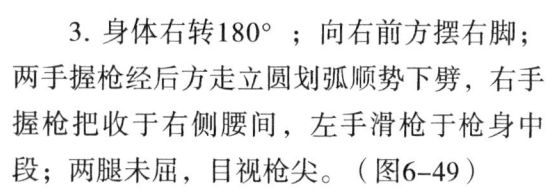

3. 身体右转180°；向右前方摆右脚；两手握枪经后方走立圆划弧顺势下劈，右手握枪把收于右侧腰间，左手滑枪于枪身中段；两腿未屈，目视枪尖。（图6-49）

【易犯错误】

转身劈枪时，左手握枪身未收于左腰间，枪划弧未成立圆。

【动作要点】

转身劈枪时，左手握枪身收于左腰间，枪贴身立圆划弧，转身连贯，动作敏捷。

图6-49

第二十二式　上步单杀手扎

接上势。重心保持，左脚向前方上步，两腿半蹲微屈；左手向上架掌，右手握枪把，从腰间水平扎出并快速回收至胸前，右手叠肘，枪杆与地面平行；目视枪尖。（图6-50、图6-51）

图6-50

图6-51

【易犯错误】

1. 扎枪时枪杆未成一条水平线；未力达枪尖。

2. 扎出后未快速收回至胸前。

【动作要点】

右手握枪把，从右腰间扎出后回收至胸口，枪尖向前，短促有力，力达枪尖。

第二十三式　上右步上绞枪

接上势。身体向右拧转90°；上右步，右膝微屈；左手顺势握枪向前滑把至枪身中部，同时，右手紧握枪把向上回抽至右肩前，右腕向上外翻绞枪，枪尖划"C"形，略高于枪尾；目视枪尖。（图6-52）

图6-52

【易犯错误】

1. 上绞枪时枪尖划弧未成"C"形。
2. 上绞枪枪杆未高于头部。

【动作要点】

上绞枪时枪尖由上经左至下成"C"形，眼随枪走。

第二十四式　上左步下绞枪

接上势。重心保持不变；向前方上左步，两腿半蹲微屈，身体左转90°；右手向内翻卷至左腋下绞枪，左手紧贴枪杆，使枪尖划倒"C"形；目视枪尖。（图6-53）

图6-53

【易犯错误】

1. 下搅枪时枪尖划弧未成倒"C"形。
2. 枪尖未指向斜上方。

【动作要点】

下搅枪时枪尖由下经左至上成倒"C"形，身体上肢部分含胸，眼睛看向枪尖。

第二十五式　回身左提膝卷枪

1. 接上势。身体右转180°，震右脚；右手握枪把顺势由身体正前方回抽至胸前，左手握于枪杆中部；目视枪尖。（图6-54）

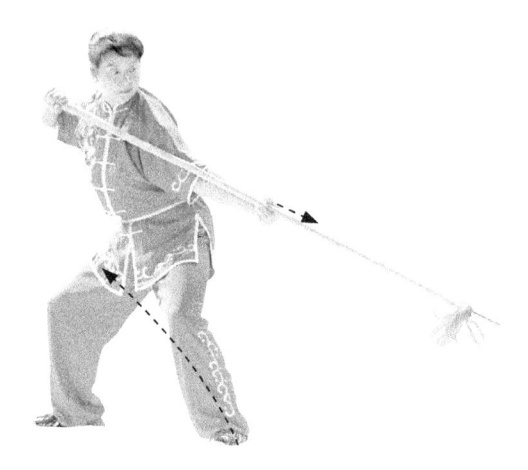

图6-54

2. 重心由中间转移到右腿，左腿提膝；同时，左手握枪身中段向内叠肩卷枪，左手臂紧贴枪杆，右手握枪把收于右肩前，右肘叠肘上抬至右肩旁，枪尖指向左斜下方；目视枪尖。（图6-55）

【易犯错误】

1. 卷枪时未叠肩。
2. 枪尖未指向斜下方。

【动作要点】

卷枪时含胸拔背，左肩微扣。

图6-55

峨眉刺　峨眉枪

第二十六式　弧形步拦拿枪

1. 接上势。重心下移，两腿微屈，上体不动，左脚向右侧方落地；目视枪尖。（图6-56）

图6-56

2. 身体重心保持，上体不动，右脚沿弧形向左脚左侧方上步；目视枪尖。（图6-57）

图6-57

3. 身体重心保持，上体不动，左脚沿弧形继续左侧方上步；目视枪尖。（图6-58）

图6-58

4. 身体重心保持，右脚沿弧形继续左侧方上步；同时，右手握枪把，左手握枪身中段向外划弧拦枪，目视枪尖。（图6-59）

图6-59

5. 左脚沿弧形继续左后方摆脚上步；同时，左手握枪划弧拿枪；目视枪尖。（图6-60）

图6-60

【易犯错误】
1. 弧形步未走成圆。
2. 走步时枪尖左右随意摆动。

【动作要点】
1. 上步时向左划弧成圆。
2. 走步时重心下沉，两腿微屈。

第二十七式　盖步单手扎枪

接上势，右脚向左脚前方左侧盖步，右膝微屈，左脚前脚掌着地；同时，左手向上架掌，右手紧握枪把，从腰间水平扎出并快速叠肘收至胸前；目视枪尖。（图6-61、图6-62、图6-62附图）

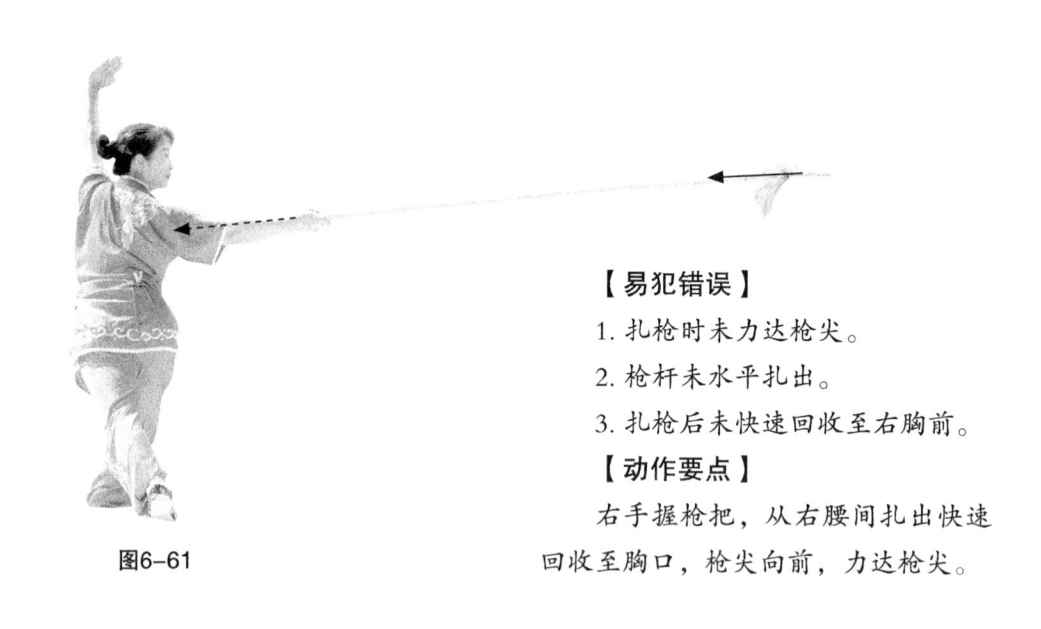

【易犯错误】

1. 扎枪时未力达枪尖。
2. 枪杆未水平扎出。
3. 扎枪后未快速回收至右胸前。

【动作要点】

右手握枪把，从右腰间扎出快速回收至胸口，枪尖向前，力达枪尖。

图6-61

图6-62　　　　　　　　　　图6-62附图

第二十八式 撤步抛杆

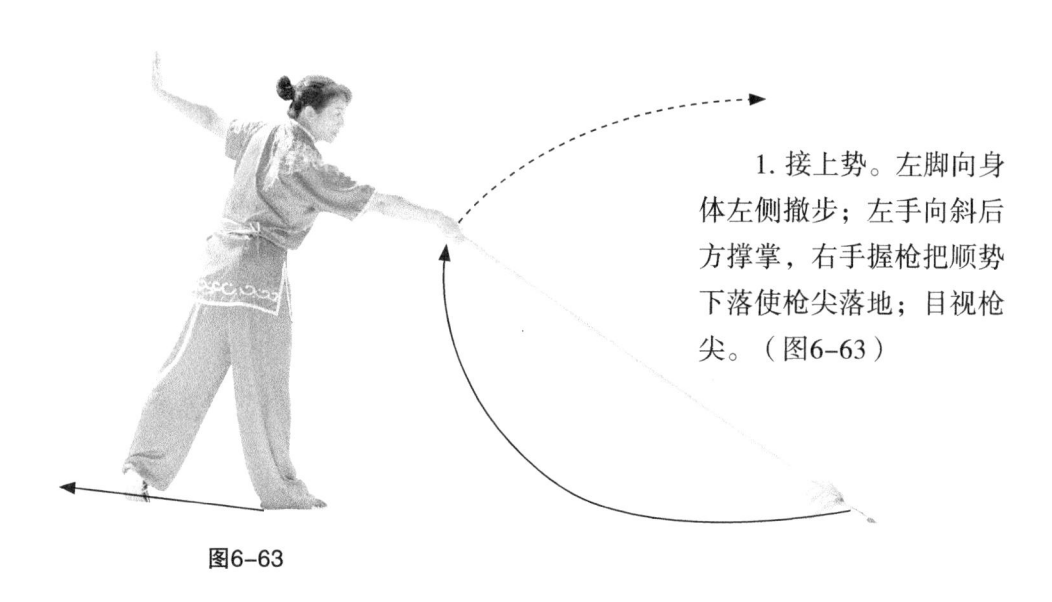

1. 接上势。左脚向身体左侧撤步；左手向斜后方撑掌，右手握枪把顺势下落使枪尖落地；目视枪尖。（图6-63）

图6-63

2. 右脚向后撤步；同时，右手握枪把用力上提抛枪，使枪身腾空翻转180°，右手抓住枪尖。（图6-64）

图6-64

【易犯错误】
1. 抛枪后未抓住枪尖。
2. 左手未向上撑掌。

【动作要点】
右手握枪把快速上提，使枪杆翻转后松手，抓住枪尖。

第二十九式　左退步侧身右扎枪

接上势。重心转移至前脚，向身体正后方后退左步，左脚前脚掌着地；右手握枪尖回收至右腰间，向身后斜下方扎枪，左手顺势滑枪握于枪杆中段并移至胸前；目视枪尖。（图6-65）

【易犯错误】

1. 扎枪时未力达枪尖。
2. 退步时重心未留在前脚。

【动作要点】

右手握枪尖从胸前向右斜后方扎出，力达枪尖，头随枪尖转向后方。

图6-65

第三十式　右退步侧身左扎枪

1. 接上势。重心后移；左手滑枪至枪尖，两手撑直握枪尖收于胸前；目视枪身。（图6-66）

图6-66

2. 重心转移至前脚，向身体后方退右步，右脚前脚掌着地；左手握枪尖，从左腰间向身后斜下方扎枪，右手顺势滑枪握于枪杆中段并移至胸前；目视枪尖。（图6-67、图6-67附图）

图6-67

图6-67附图

【易犯错误】

1. 扎枪时未力达枪尖。
2. 退步时重心未留在前脚。

【动作要点】

右手握枪尖从胸前向左斜后方扎出，力达枪尖，头随枪尖转向后方。

第三十一式　撤左步翻身回马枪

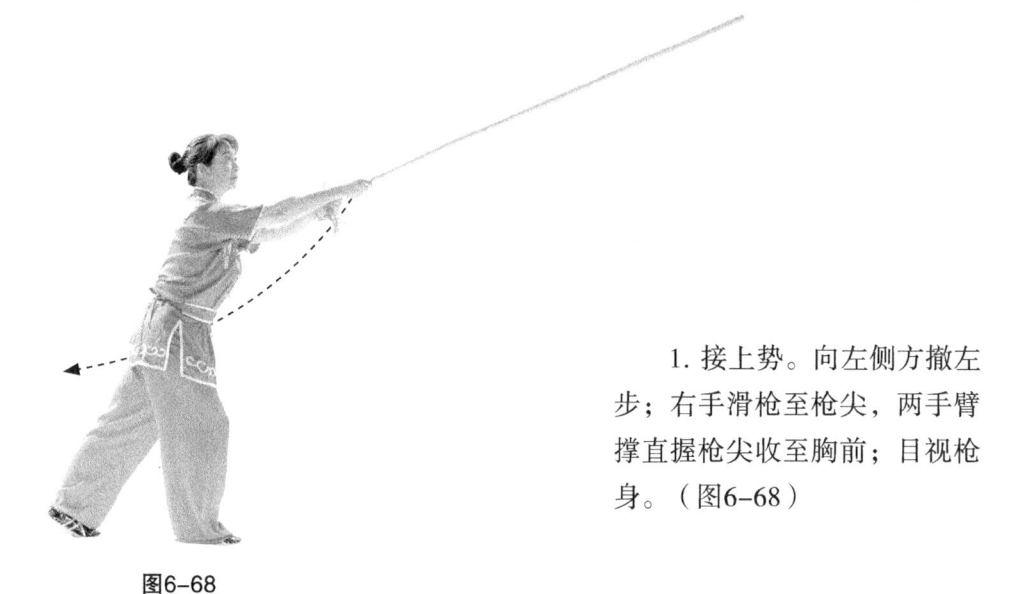

1. 接上势。向左侧方撤左步；右手滑枪至枪尖，两手臂撑直握枪尖收至胸前；目视枪身。（图6-68）

图6-68

2. 身体左转90°，左脚向左摆脚180°；右手滑枪至枪身中下段，左手握枪尖紧贴身体左侧，由上往下顺时针呈立圆向后回抽至左胯旁；目视枪尖。（图6-69）

图6-69

3. 并右步，身体向左旋转360°；两手握枪，使枪贴身呈立圆环绕360°。（图6-70）

图6-70

4. 身体微微前俯，左脚向身体左后方撤步。（图6-71）

图6-71

5. 重心向前倾，右腿向左后方叉步，右脚前脚掌着地；右掌推枪把，使枪尖向左后方扎出，左手顺势滑把至枪把并紧握，枪尖落地；目视枪尖。（图6-72、图6-72附图）

图6-72

图6-72附图

【易犯错误】

1. 翻身时枪未贴身环绕。
2. 右手推枪把未控制好力度使枪杆掉地。

【动作要点】

1. 身体左转的同时，枪贴身呈立圆环绕。
2. 后叉步扎枪重心下移，身体前倾，目视枪尖。

第三段

第三十二式　舞花枪

1. 接上势。重心上起，右脚向身体右侧跨步；左手滑枪至枪身中段，右手握枪把收于右腰间。（图6-73）

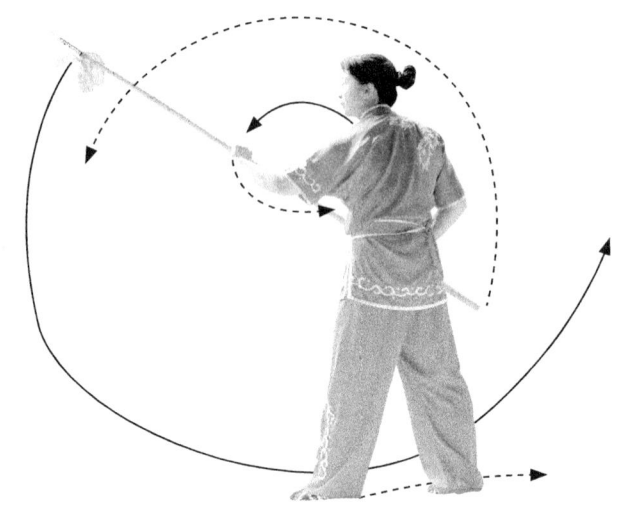

图6-73

2. 身体左转90°，左脚向身体后方撤步，左脚前脚掌点地；左手握枪身中段并收于右腋下，右手顺势滑把至枪把向上一臂处，右臂紧贴枪杆，使枪把经上方贴身呈立圆划弧至前方；目视枪把。（图6-74）

图6-74

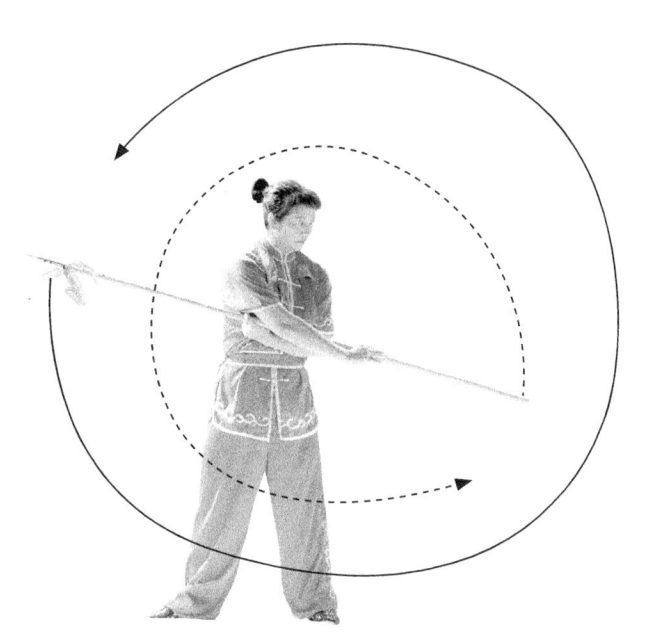

3. 身体左转90°；左手不动，右手握枪，使枪把经下方贴身呈立圆划弧至后方。（图6-75）

图6-75

4. 身体右转90°；左手握枪经后向前贴身划立圆，右手顺势收于左腋下，使枪贴身立圆旋转360°；目视枪尖。（图6-76）

图6-76

5. 左手握枪向身体右侧划圆收于右腋下，右手顺势经前方向身体右侧划圆至身体前方，使枪贴身立圆旋转540°；目视枪把。（图6-77）

6. 重复动作2至动作5三遍，第三遍停于动作5。

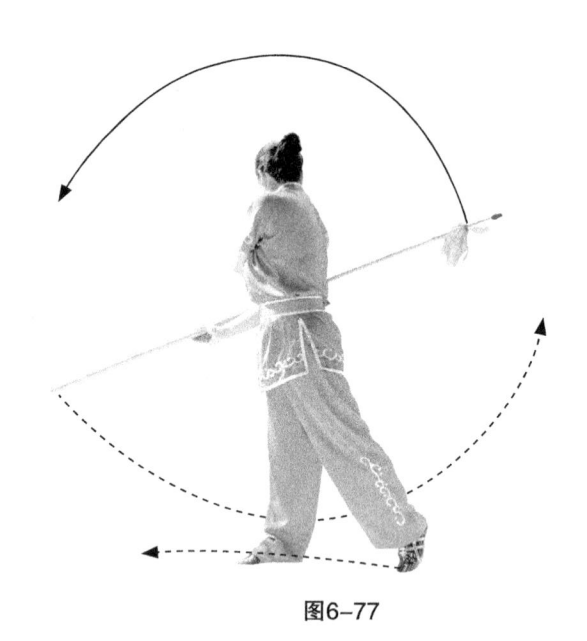

图6-77

【易犯错误】

1. 舞花枪未贴身立圆旋转。

2. 舞枪时左手脱把。

【动作要点】

舞花枪随身体转动同时，贴身立圆旋转，目视枪尖。

第三十三式　二郎砍山

1.两脚站立不动，身体前俯；右手握枪把向上一臂处，贴身体右侧经下向后背枪，左手在右肩前方抓住枪尖。（图6-78、图6-78附图）

图6-78

图6-78附图

2. 身体由前至后向右划弧，颈部背枪的前端，左手紧握枪尖顺势回收至右腰间，同时，右手松开枪身垂落身体右侧。（图6-79、图6-79附图）

图6-79

图6-79附图

3．颈部快速上提，同时，左手松开枪尖，使枪杆绕颈部呈立圆旋转180°，两手顺势接住枪身，左手握于枪杆中部，右手握于枪把向上一臂处；目视枪尖。（图6-80、图6-80附图）

图6-80

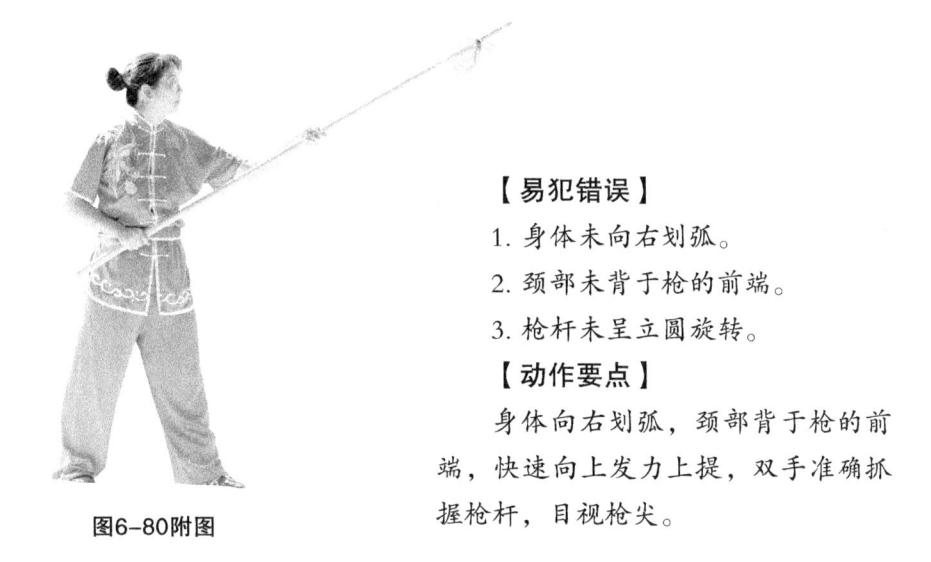

图6-80附图

【易犯错误】

1．身体未向右划弧。

2．颈部未背于枪的前端。

3．枪杆未呈立圆旋转。

【动作要点】

身体向右划弧，颈部背于枪的前端，快速向上发力上提，双手准确抓握枪杆，目视枪尖。

第三十四式　大蟒翻身

1. 接上势。重心向前转移，右脚向身体左侧盖步，左脚前脚掌着地；两手握枪向身体右侧倒把，左手叠肘收于右肩前，右手紧握枪把向上一臂处向右推出，右手臂紧贴枪杆，身体微前倾；目视枪把。（图6-81、图6-81附图）

图6-81

图6-81附图

2. 身体上肢不动；左脚向身体左侧跨步。（图6-82）

图6-82

3. 身体上肢不动；右脚向身体左侧叉步。（图6-83）

图6-83

4. 重心不变，两腿微屈，身体向右转体180°；两手顺势握枪，经上呈立圆划弧，左手滑枪至枪身中段并落于身体前方，与肩同高，右手紧握枪把收于右腰间；左脚前脚掌着地；目视枪尖。（图6-84）

图6-84

【易犯错误】

1. 翻身时枪未贴身环绕。
2. 未保持重心下沉，起起落落。

【动作要点】

身体左转的同时，枪贴身环绕。

第三十五式　左上步斜上扎枪接退步戳把

1. 接上势。重心保持不变；两手握枪保持；左脚向左前方上步。（图6-85）

2. 右脚向左脚后方叉步，左腿膝盖微屈，右脚前脚掌着地；左手滑枪至枪把，同时，右手紧握枪把，从腰间向斜上方扎枪，手臂与枪杆成一条直线，力达枪尖；目视枪尖。（图6-86）

图6-85

【易犯错误】

1. 扎枪时未力达枪尖。
2. 扎枪时未向斜上方扎出。

【动作要点】

右手握枪把，从右腰间向斜上扎出至胸口，左手顺势滑枪至枪把，枪尖向斜前上方扎出，力达枪尖。

图6-86

第三十六式　歇步崩枪

1. 接上势。两手握枪把保持不变；右脚向身体后方退步；目视枪尖。（图6-87）

图6-87

2. 左脚向右后方叉成歇步，臀部紧贴左脚脚后跟处；右手回抽崩枪，同时，左手顺势从枪把滑枪至枪杆中段，枪尖指向斜上方；目视枪尖。（图6-88、图6-88附图）

图6-88

图6-88附图

【易犯错误】
1. 臀部未坐于左脚跟。
2. 扎枪时未力达枪尖。

【动作要点】
左脚向左后方叉步形成歇步，臀部坐于左脚后跟处；右手握枪把，从右腰间向斜上扎出至胸口，枪尖向斜前上方，力达枪尖。

第三十七式　持枪上步挑把

1. 接上势。上身保持原有动作，重心上移，起身，左脚向正前方迈步；目视前方。（图6-89）

图6-89

2. 接上势。上身保持原有动作，右脚向正前方迈步；目视前方。（图6-90）

图6-90

3. 接上势。身体向左拧转90°，由站立转为马步；同时左手由上而下将枪贴于左手上臂侧，右手顺势滑把向前挑出，枪把略高于枪尖，力达枪把；目视前方。（图6-91）

图6-91

【易犯错误】

1. 身体保持正直，切勿因起身而前倾后仰。
2. 动作过程中枪身远离身体。
3. 挑把时枪杆未能贴于左手臂侧。

【动作要点】

两脚略比肩宽，气收于丹田。在拧转时力从脚起，拧腰转髋，力达枪把。

第三十八式　怀中抱月

1. 接上势。下肢保持马步不变；左手持枪杆中段，自下而上呈立圆翻转至头部左侧，右手持枪杆下端，顺势握枪收于腰部正前方，枪杆垂直于地面；目视右方。（图6-92）

2. 下肢保持马步不变；左手紧握枪杆中段，由上而下呈立圆将枪贴于左手臂侧，右手持枪滑把至枪把向上一臂处，并顺势向前挑出，力达枪把；目视前方。（图6-93）

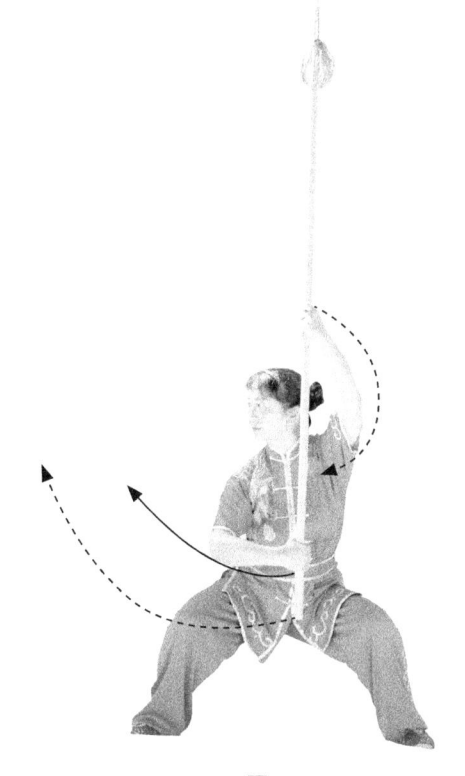

图6-92

图6-93

【易犯错误】

1. 动作过程中枪身远离身体未成立圆翻转。

2. 枪身未能垂直于地面。

3. 挑把时枪身未能贴于左手臂侧。

【动作要点】

身体重心微后移，马步保持不变，双手用力均匀，眼睛看向枪把。

第四段

第三十九式　提膝换跳弹踢

1. 接上势。重心上移，上肢保持原有动作不动；左脚向前方提膝，同时，右腿顺势转为站立，整体下肢由马步变为提膝独立站立。（图6-94）

图6-94

2. 左手紧握枪杆中段，由下而上呈立圆向前翻转至手臂与肩膀齐平，枪身贴于左手臂下，右手紧握枪把向上一臂处，顺势贴于左腋窝处；同时重心转向左脚，落地作为支撑腿，右脚点地并提膝，由左脚提膝独立换跳成右脚提膝独立。（图6-95）

图6-95

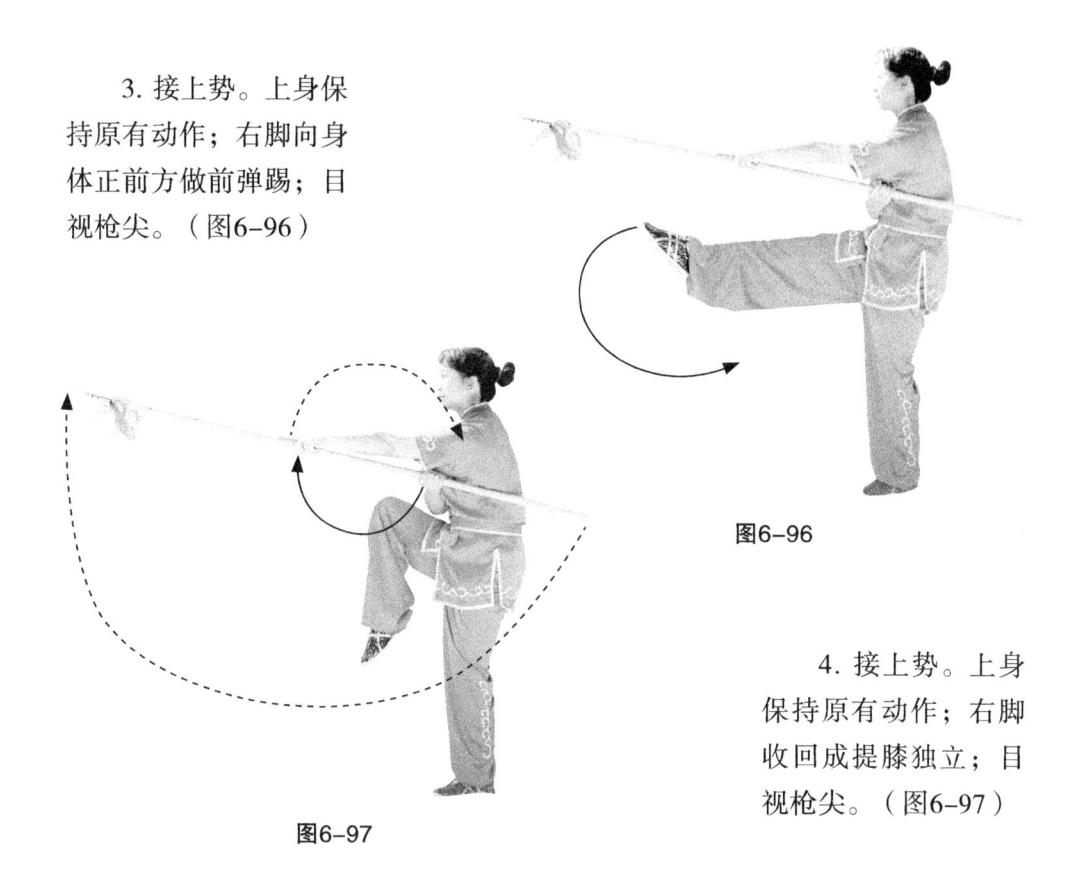

3. 接上势。上身保持原有动作；右脚向身体正前方做前弹踢；目视枪尖。（图6-96）

图6-96

图6-97

4. 接上势。上身保持原有动作；右脚收回成提膝独立；目视枪尖。（图6-97）

5. 接上势。下肢保持不动；左手握于枪杆中段，由下至上呈立圆将枪身紧贴于左手臂侧，右手握于枪把向上一臂处，顺势向右肩前方挑出，力达枪把；目视前方。（图6-98）

【易犯错误】
1. 枪和手臂未与肩持平。
2. 弹踢未由屈到伸。
3. 挑把枪杆未与左手臂紧贴。

【动作要点】
身体保持直立，左脚落地同时右脚点地而起做换跳动作。弹踢由屈到伸，朝向身体正前方，力达脚背。

图6-98

第四十式　迈脚下蹲格枪

1. 接上势。右脚落步向身体右侧方迈步；同时左手自上而下贴于左手上臂侧，右手顺势向前滑把握枪。（图6-99、图6-99附图）

图6-99

图6-99附图

2. 接上势。身体向右拧转90°，左脚向前半步前脚掌点地，右脚向右侧迈步下蹲，双腿微屈，重心下沉，身体微前倾；左手握于枪杆中段，随着身体拧转后由左至右呈平圆向身体正前方格出，同时，右手顺势屈肘，与肩同高，力达枪尖；目视枪尖。（图6-100、图6-100附图）

图6-100

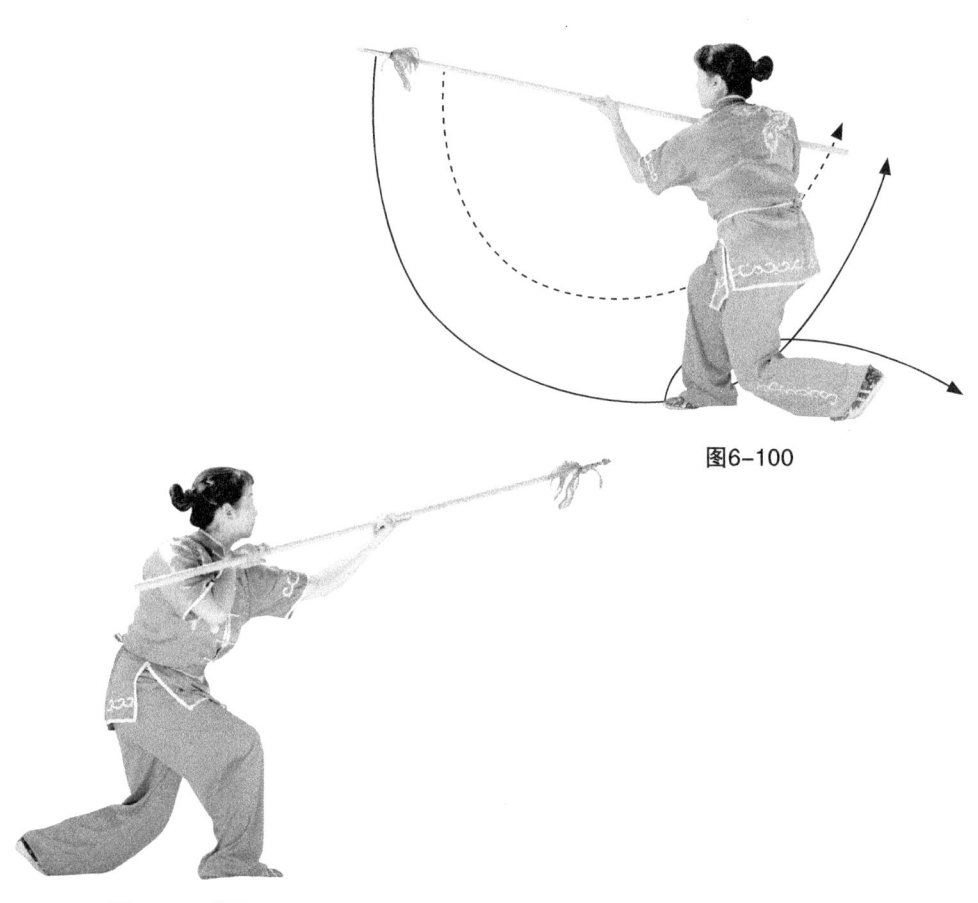

图6-100附图

【易犯错误】

1. 枪未从左向右方呈平圆格出。
2. 左脚脚尖未点地。
3. 重心未下沉，两膝未微屈。

【动作要点】

重心微前倾，以腰带手，呈平圆带动枪杆运动，力达枪身，目视枪尖。

第四十一式　撩枪滑把扎枪

1. 接上势。起身，右脚向右后方撤步；左手握于枪杆中段向左旋腕变为拿枪，右手紧握枪把收于右腰间；目视枪尖。（图6-101、图6-101附图）

图6-101

图6-101附图

2. 接上势。身体向右转90°，左脚向正前方上步，右腿屈膝半蹲；右手持枪把，左手握于枪杆中段，由下至上经身体呈立圆翻转至左肩前方，左肩叠肩卷枪，右手顺势向后拉出，从下至上收于腰间；右腿屈膝半蹲，目视枪尖。（图6-102）

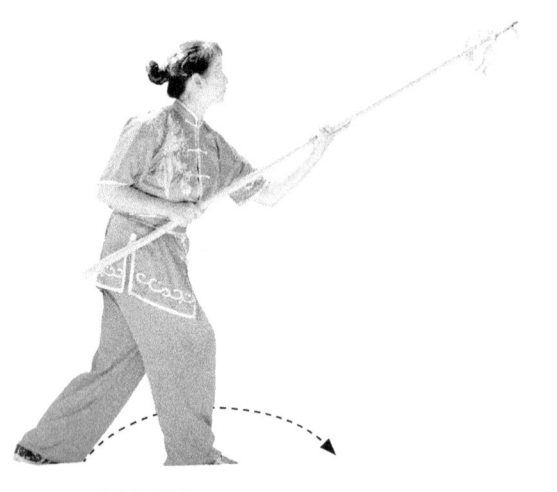

图6-102

第六章 峨眉枪套路动作图解

3. 接上势。上身保持不动，左脚向前迈步；目视枪尖。（图6-103）

图6-103

4. 接上势。左手向后滑把握于枪杆尾端并收至身体左侧腰间，右手向前滑把握于枪杆中上端；目视枪尖。（图6-104）

图6-104

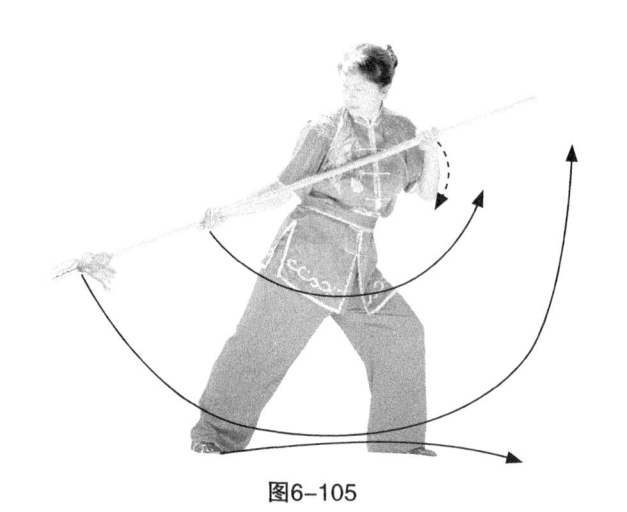

5. 接上势，身体向右拧转90°；左手握于枪杆中上部，从下而上呈立圆握枪持于体侧前方，右手紧握枪把向上一臂处，顺势收于右胸胸口；目视枪尖。（图6-105）

图6-105

221

6. 接上势。身体向左拧转180°；同时左脚保持不动，右脚向身体正前方上步；左手持枪杆中上部紧贴身体，由上而下呈立圆收于身体左侧腰间，右手握于枪把向上一臂处，从下而上经身体右侧划立圆后握枪持于胸前；目视枪尖。（图6-106）

图6-106

图6-107

7. 接上势。左腿屈膝向内旋呈半蹲状（不得贴地），脚尖跷起，右脚保持不动；左手紧握枪身尾端，用力向斜上方扎出，由身体左侧腰间放于腹部正前方，右手顺势向前扎出，手臂由屈变直，右手臂与枪身成一条直线，枪尖指向斜上方45°；目视枪尖。（图6-107、图6-107附图）

【易犯错误】
1. 枪在行进过程中未能贴身走立圆。
2. 身械配合不协调。

【动作要点】
1. 以腰带手，灵活滑枪，把位变动衔接顺畅。
2. 斜上方扎出，力达枪尖，目视枪尖。
3. 重心下沉，两腿成半蹲状，身体重心微前倾。

图6-107附图

第四十二式　格挡戳地复实扎

1. 接上势。重心保持下沉，下肢维持不动；左手持枪杆尾端向上一臂处，右手持于枪杆中上端，两手向身体右侧方垂直推出呈格挡式；目视右侧枪杆方向。（图6-108、图6-108附图）

图6-108

图6-108附图

峨眉刺　峨眉枪

2. 接上势。左腰微向内收，下身保持不动；左手握于枪杆尾部向上一臂处，往左下方握枪戳地并放于左膝前，同时，右手顺势放于右肩前；目视枪把。（图6-109、图6-109附图）

图6-109

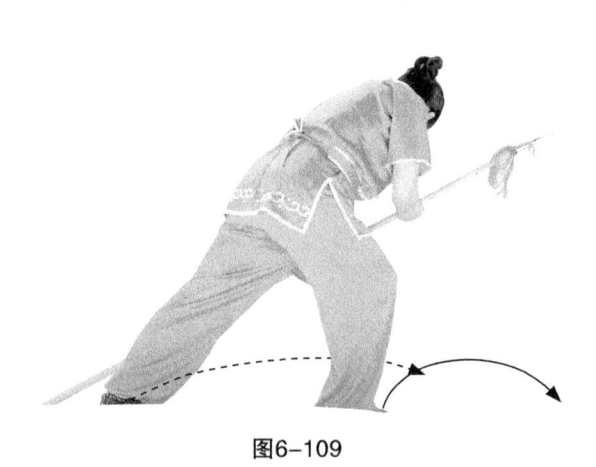

图6-109附图

224

3. 接上势。左脚向右前迈步换跳，同时，右脚屈膝点地而起，经左膝窝侧向前落脚；左手从下向后放于左腰后侧，右手顺势收于左腰持平；目视前方。（图6-110、图6-110附图）

图6-110

图6-110附图

峨眉刺　峨眉枪

4. 接上势。下肢保持不动；左手握于枪杆枪把向上一臂处，向前收于左侧腰间，右手握于枪身中上端，向前平扎而出，力达枪尖；目视枪尖。（图6-111、图6-111附图）

图6-111

图6-111附图

5. 接上势。下肢保持不动；左手放于左腰后侧，右手收于胸口处；目视前方。（图6-112、图6-112附图）

图6-112

图6-112附图

6. 接上势。左腿屈膝点地,重心微后移,右腿随之微屈膝;左手握于枪杆尾端并向前收于身体左侧腰间,右手握于枪杆中上端,顺势向斜上方扎出,力达枪尖;目视枪尖。(图6-113、图6-113附图)

【易犯错误】

1. 枪把未戳到地面。
2. 枪杆未贴于腰侧。
3. 扎枪时身体未向前微倾。

【动作要点】

1. 戳地时重心下移。
2. 换跳衔接顺畅,枪杆收放自如。
3. 扎枪力达枪尖,目视枪尖。

图6-113

图6-113附图

第四十三式　迴龙枪

1. 接上势。身体向右拧转90°；左脚蹬伸，前脚掌点地，右脚脚尖向外展开90°；左手握于枪杆尾端向上一臂处并上提至肩前向后拉出，右手握于枪杆中段从上至下收于右腰侧，目视枪尖。（图6-114）

图6-114

2. 接上势。重心上移，左脚向身体后侧撤一步，右脚脚尖转向身体正前方；枪尖朝向保持不变；目视枪尖。（图6-115）

图6-115

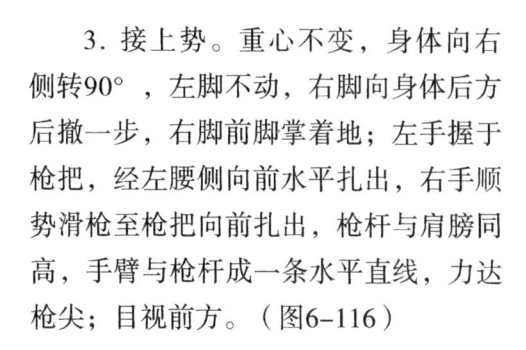

3. 接上势。重心不变，身体向右侧转90°，左脚不动，右脚向身体后方后撤一步，右脚前脚掌着地；左手握于枪把，经左腰侧向前水平扎出，右手顺势滑枪至枪把向前扎出，枪杆与肩膀同高，手臂与枪杆成一条水平直线，力达枪尖；目视前方。（图6-116）

图6-116

4. 接上势。重心下沉，身体向右转90°；下肢由站立转为半蹲呈马步；右手紧握枪把，向斜下方收至身体右侧腰间，左手顺势滑枪于枪杆中段至身体左肩前，枪尖略高于枪把；目视枪尖。（图6-117、图6-117附图）

【易犯错误】

1. 枪远离身体。
2. 枪未水平扎出，眼睛未看向枪尖。

【动作要点】

在行进过程中枪贴于身，身体重心保持，目视枪尖。

图6-117

图6-117附图

第四十四式　托手圈枪

1. 接上势。下肢保持不动；左手握于枪杆中段向外旋腕，呈托枪至身体左侧，同时，右手握枪把至右腰间；目视枪尖。（图6-118、图6-118附图）

图6-118

图6-118附图

2. 接上势。下肢重心先向左腿转移，随后逐渐向右腿转移，身体挺胯后仰，以下肢为轴心从左到后转动，以腰带手；左手握于枪杆中段，随身体从左到后经身体后方走平圆；目视枪尖。（图6-119、图6-119附图）

图6-119

图6-119附图

3. 接上势。下肢保持不动；左手握于枪杆中段，随身体从后到右经身体后方走平圆，然后，持枪于腹部前方，右手持枪把收于腰间保持不动；目视枪尖。（图6-120、图6-120附图）

图6-120

图6-120附图

4. 接上势。身体向左拧转90°，重心向右移动；左腿由屈变伸，右腿屈膝；左手握于枪杆中上端，从右至左经身体前方划半圆横持枪放于左腰前，右手紧握枪把向内旋腕向前推出，身体微前倾；目视枪尖。（图6-121、图6-121附图）

【易犯错误】

1. 枪尖未呈平圆划圆。
2. 身体笔直未前倾。

【动作要点】

以腰带手，枪随身走，眼睛随着枪杆转动看向枪尖方向。

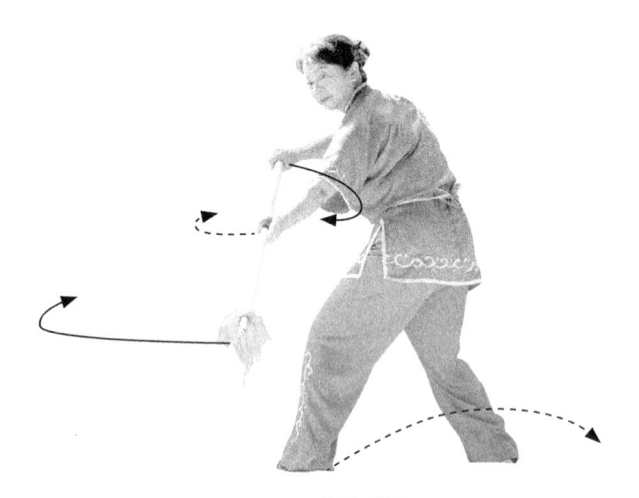

图6-121

图6-121附图

第四十五式　探草寻蛇

1.接上势，重心前移，左脚后撤，屈膝贴于右腿腘窝后，左脚前脚掌着地，双腿微屈；左手握于枪杆中段，从左到右向斜下方扫出，右手握于枪把顺势收于右腋下；目视枪尖。（图6-122、图6-122附图）

图6-122

图6-122附图

2. 接上势。左脚保持不动，右脚向后撤一步；左手握于枪杆中段，从右到左向斜下方扫横并持枪于身体胸口正前方，右手紧握枪把内旋向外推出，枪杆与身体平行；目视前方。（图6-123、图6-123附图）

图6-123

图6-123附图

3. 接上势。重复动作1。（图6-124、图6-124附图）

图6-124

图6-124附图

4. 接上势。左脚保持不动,右脚向身体正后跳步,双腿膝盖微屈;左手握于枪杆中段,从右到左拨出并持于身体正前方,右手握于枪杆尾部内旋向外推出;目视前方。(图6-125、图6-125附图)

图6-125

图6-125附图

5. 接上势。左脚起，收于右脚内侧并点地，右腿屈膝下蹲，重心下沉，身体微前倾；左手滑枪握于枪杆中上部并回收至左手上臂侧，右手顺势滑枪于枪尾向上一臂处，同时向后拉枪并持于右臂侧前方，枪尖朝左下方，枪尾高于枪尖；目视前方。（图6-126、图6-126附图）

图6-126

图6-126附图

【易犯错误】

1. 枪尖过高，扫动范围过小。
2. 左脚未前脚掌点地。

【动作要点】

1. 重心往下，身体微前倾。
2. 跳步步伐轻盈，左右手交换顺畅。

第四十六式 点水盖提

1. 接上势。重心上移，上身保持不动；左腿提膝收于胸前，上身微向左拧转；目视前方。（图6-127、图6-127附图）

图6-127

图6-127附图

2. 接上势。左脚落地，右脚点地而起换跳提膝；左手握于枪杆中段，自下而上经体侧向下盖枪而出后持于身体左侧腰前，右手顺势收于右后腰侧；目视枪尖。（图6-128、图6-128附图）

图6-128

图6-128附图

3. 接上势。左脚点地而起屈膝收于胸前，右脚落地支撑，重心微后仰，腰髋略顶出；左手握于枪杆中部，自下而上向身体左侧下方提枪，左手臂紧贴枪身，与枪杆成一条直线，右手握于枪杆尾部，顺势从下而上屈臂翻腕贴于身体右肩前侧，枪尖指向身体左下方；目视枪尖。（图6-129、图6-129附图）

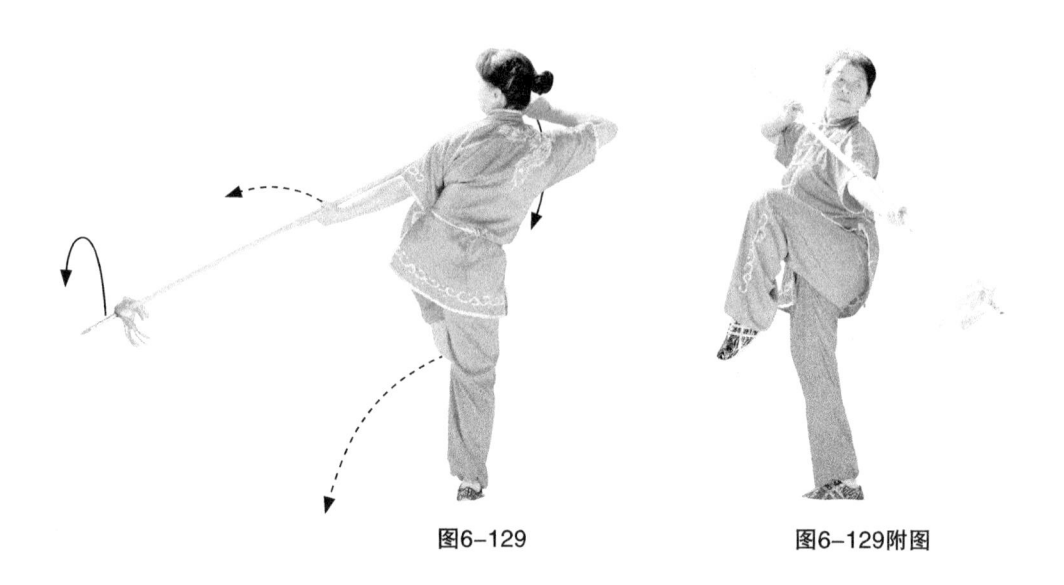

图6-129　　　　　　图6-129附图

4. 接上势。重心下沉，左脚向身体左侧方前落步，双腿微屈形成马步；左手握于枪杆中段，由外向内划弧变为拿枪，右手滑把于枪把顺势收于腰间，枪尖高于枪把；目视前方。（图6-130）

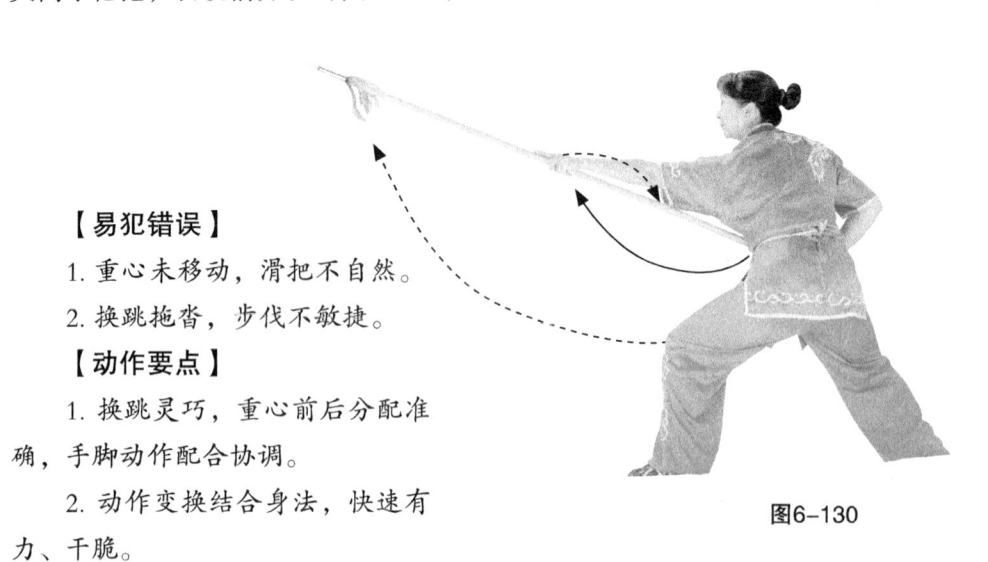

【易犯错误】

1. 重心未移动，滑把不自然。
2. 换跳拖沓，步伐不敏捷。

【动作要点】

1. 换跳灵巧，重心前后分配准确，手脚动作配合协调。
2. 动作变换结合身法，快速有力、干脆。

图6-130

第四十七式　螣蛇扎

1. 接上势。下肢保持不动；左手握于枪杆中段，右手握于枪杆中后段向前挑把，左手顺势滑把握于枪杆中上端持于左肩上。（图6-131）

图6-131

2. 接上势。右脚向前上步；以左手为轴，枪把经上向后呈立圆抛枪，右手换握于枪杆最前端，左手握于右手后方；目视前方。（图6-132）

图6-132

3. 接上势。右手握枪杆最前端向前扎出；目视前方。（图6-133）

图6-133

峨眉刺 峨眉枪

4. 接上势。下肢保持不动；左手握于枪杆中段向前盖把，右手握于枪尖处，顺势收于左腋下，枪杆与地面呈水平；目视前方。（图3-134）

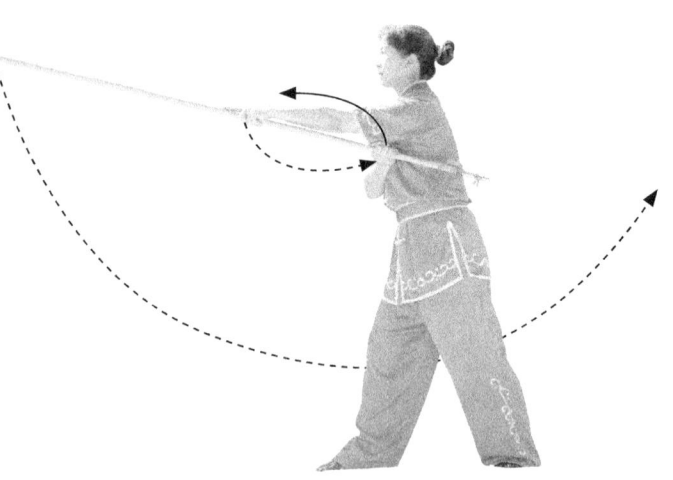

图6-134

图6-135

5. 接上势。重心转向右脚，左脚向前迈步，右脚向前跟半步；同时左手向下经身体右侧绕立圆后，换把握枪持于右肩上；目视前方。（图6-135）

6. 接上势。右手握枪杆最前端向前扎出；目视前方。（图6-136）

【易犯错误】

1. 扎枪时枪身未平。
2. 枪未呈立圆贴身舞动。

【动作要点】

1. 手械配合协调，持枪于左右肩水平扎出。
2. 舞枪过程中枪贴近身体，行进呈立圆。

图6-136

244

第四十八式　迴龙扎

1. 接上势。重心保持，身体向右拧转90°；左脚向身体后方蹬伸点地，右脚向前上步，脚尖向外展开90°，微屈膝；左手握于枪杆中段，向前打开伸直放于左肩前，右手滑枪握于枪尖，顺势收于身体右侧腰间；目视枪尖。（图6-137、图6-137附图）

图6-137

图6-137附图

2. 接上势。重心上移；左脚向身体左侧上步，左右腿直立；左手向后滑把拉直，手心向上，摊手持枪，右手顺势从右侧腰间向右紧握枪缨，与肩齐平，两手手臂紧贴枪杆，枪杆与地面平行；目视枪尖。（图6-138、图6-138附图）

图6-138

图6-138附图

3. 接上势。身体向右拧转90°；右脚向身体右侧撤步；左手滑枪顺势向前平扎而出，枪杆与手臂成一条直线，与地面平行；目视枪尖。（图6-139）

图6-139

【易犯错误】

枪远离身体，枪身未与肩持平。

【动作要点】

在行进过程中枪贴于身，眼随枪走，力达枪尖。

第四十九式　勾封实扎

1. 接上势。重心移至后脚，下肢变为马步；左手换把握于枪身中段，右手握于枪把向后拉出收于右腰间，枪尖略高于枪把；目视枪尖。（图6-140）

图6-140

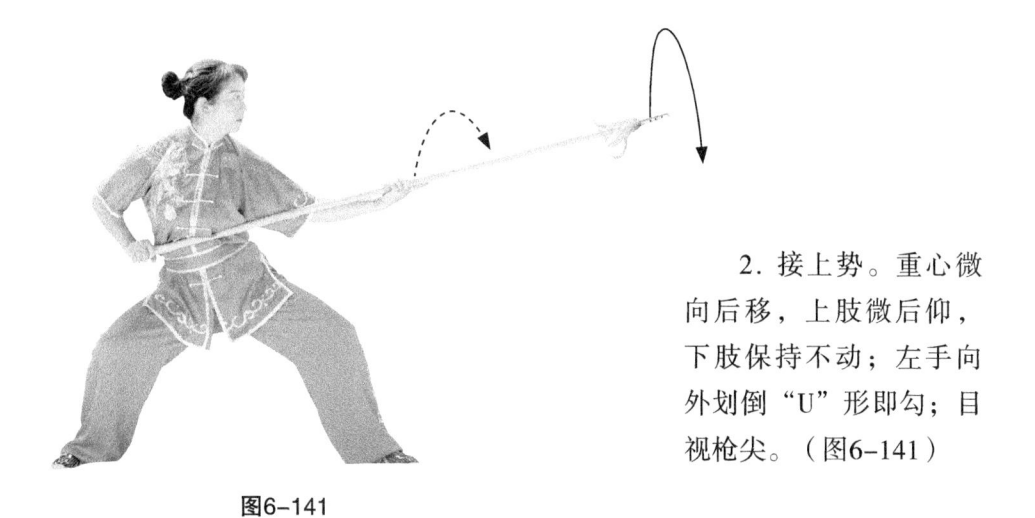

2. 接上势。重心微向后移，上肢微后仰，下肢保持不动；左手向外划倒"U"形即勾；目视枪尖。（图6-141）

图6-141

图6-142

3.接上势。重心回移至两腿中间，下肢保持不动；左手向内划倒"U"形即封，目视枪尖。（图6-142）

4.接上势。右脚脚后跟发力向前蹬伸，右膝打直，左手滑枪至枪把，同时，右手向前方尽手而扎，两臂与枪杆成一条直线，枪与肩齐，力达枪尖；目视枪尖。（图6-143）

图6-143

5. 接上势。重复动作2至动作4。（图6-144～图6-146）

图6-144

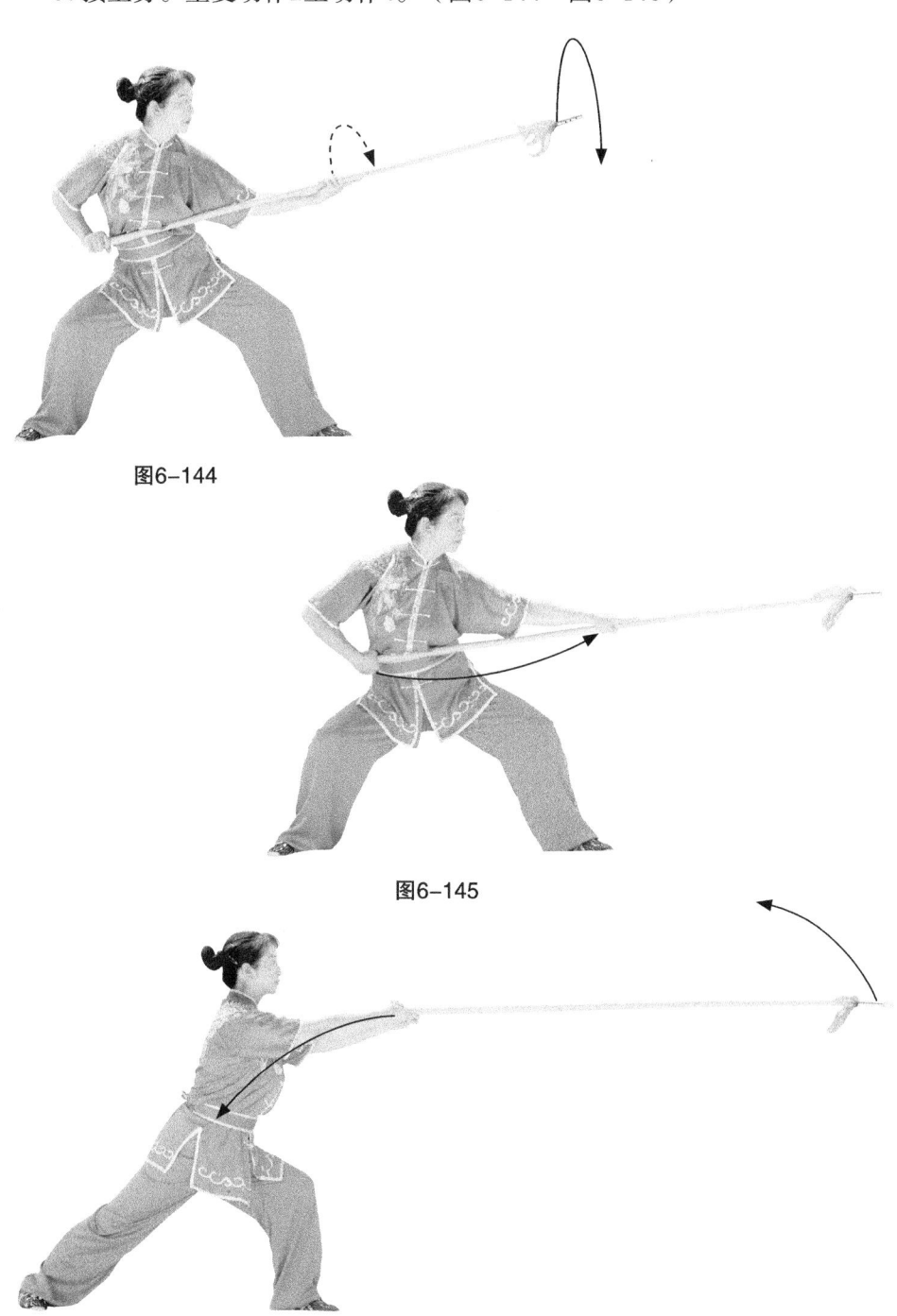

图6-145

图6-146

6. 接上势。重复动作2至动作4。（图6-147~图6-149）

图6-147

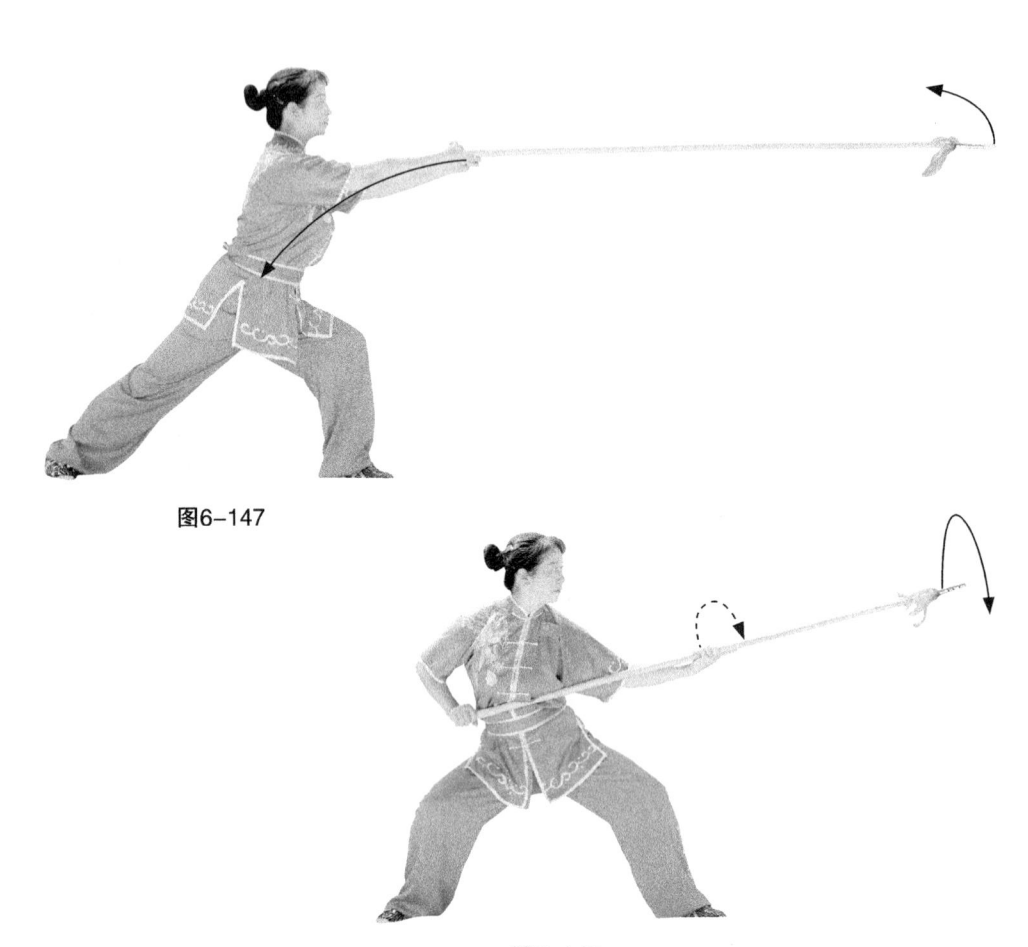

图6-148

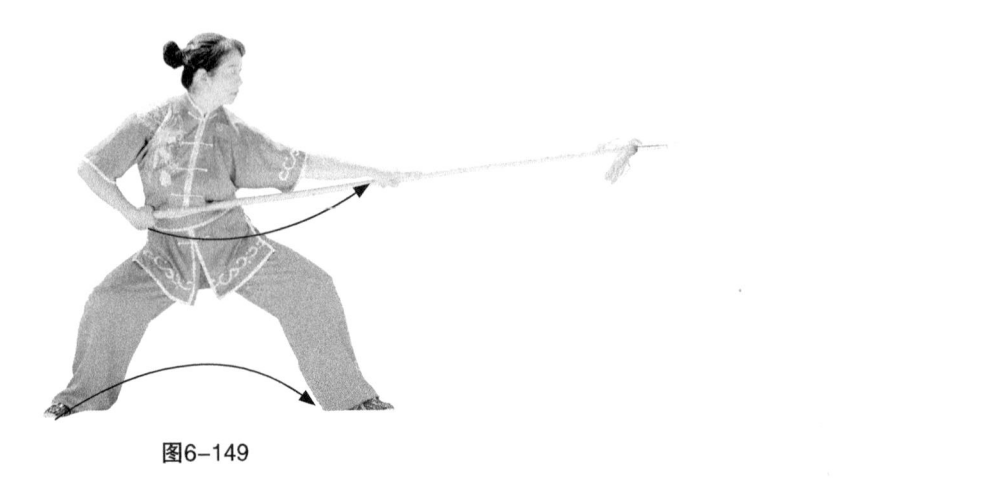

图6-149

7. 接上势。右脚向身体正前方与左脚并步，两腿成半蹲状，身体微前倾；左手滑枪于枪把，同时，右手向前尽扎后，双手握枪把持于胸前，枪与手臂成一条直线，平行于地面，力达枪尖；目视枪尖。（图6-150、图6-151）

【易犯错误】

1. 勾枪、封枪时枪尖未划倒"U"形弧线。
2. 扎枪时枪杆未与手臂成一条直线，手臂弯曲没有完全向前送出。

【动作要点】

枪尖划弧，高不过头，低不过胯，眼随枪走，力达枪尖。

图6-150

图6-151

第五十式　跳步卷枪

1. 接上势。重心向右侧转移；右脚向身体右侧跨步；左手滑枪握于枪杆中段，手心朝上托枪，右手握枪把向上举枪搅枪，枪把略高于枪尖；目视枪尖。（图6-152）

图6-152

2. 随后，左脚向身体前方落步成右虚步；左肩向内叠肩卷枪，左手手臂与枪杆紧贴，右手握于枪把，由上至下顺势下落至右肩前，右手叠肘与肩齐平，枪尖指向左斜下方；目视枪尖。（图6-153）

图6-153

【易犯错误】

1. 上搅枪时左手未滑枪。
2. 卷枪时左肩未叠肩，手臂未与枪杆紧贴。

【动作要点】

卷枪时含胸拔背，左肩微扣，两腿微屈，目视枪尖。

第五十一式 斜格枪

1. 接上势。虚步不动；左手握于枪杆中段，使枪尖划弧从左至前扫至左脚前方，右手握于枪把，顺势收于身体右腰间；目视枪尖。（图6-154）

图6-154

2. 虚步不动，身体微前倾；左手握于枪杆中段，经上方呈立圆收于身体左臂前，枪尖指向后方，右手顺势向枪杆中部滑枪挑把；目视枪把。（图6-155、图6-155附图）

图6-155　　　图6-155附图

253

3. 身体重心向右脚转移，起身，绷脚提左膝；左手握枪身收于身体左侧腰间，右手握于枪把向上一臂处，顺势上提于右肩正上方使枪把向上，枪尖指向左侧斜下方；目视前方。（图6-156）

图6-156

4. 右腿屈膝下蹲，左脚向前蹬出，脚跟触地，身体微前倾；同时，两手握枪向前推出，枪尖指向左前下方；目视枪尖。（图6-157）

图6-157

【易犯错误】
1. 枪划弧未成立圆。
2. 平肩枪时右手未翻手。
3. 左脚向前蹬出时未用脚后跟着地。

【动作要点】
1. 枪划弧时贴身成立圆。
2. 平肩枪时，右手握于枪杆前端拳心向内。
3. 身体微向前倾，目视枪尖。

第五十二式　提膝点枪

1. 接上势。重心向前移动，左脚向身体正后方撤步；左手握于枪杆中段，右手顺势滑枪，紧握枪杆尾端将枪把向下压，枪尖向上挑起；目视前方。（图6-158）

图6-158

2. 接上势。随后，重心移向左腿，同时提右膝，右脚尖扣于左膝腘窝后，双腿微屈，左手滑把至枪把，两手向上提，枪尖下点，枪尾略高于枪尖；目视枪尖。（图6-159）

【易犯错误】

1. 枪尖未指向前下方。
2. 右脚脚尖未紧扣于左腿腘窝后。

【动作要点】

1两腿微屈，两手快速上提，枪尖下点，身体中正，力达枪尖。

图6-159

第五十三式　收势

1. 接上势。右脚向身体右侧方下落呈半马步；右手向下拉枪并持于身体左腰前，同时，左手顺势滑把于枪杆中段并持于头部右侧；目视前方。（图6-160）

图6-160

2. 接上势。重心由中间转向右腿，左脚向身体右侧方与右脚并步直立；左手握枪向下贴于右肩前，右手回收于身体右腰侧；目视前方。（图6-161）

图6-161

3. 接上势。下肢保持不动；左手持枪中下段使枪把落地，右手握于枪杆中段；目视前方。（图6-162）

图6-162

4. 接上势。下肢保持不动；左手松手顺势回收至身体左侧，右手虎口抓握枪杆中下段；目视前方。（图6-163）

【易犯错误】

1. 枪身未垂直于地面直立。
2. 枪杆未紧贴于身体右侧。

【动作要点】

身体中正，持枪端正，使枪杆垂直于地面，右手虎口抓握于枪杆中下段，使枪杆直立于身体右侧，目视正前方。

图6-163

第三节 峨眉枪套路运行路线示意图

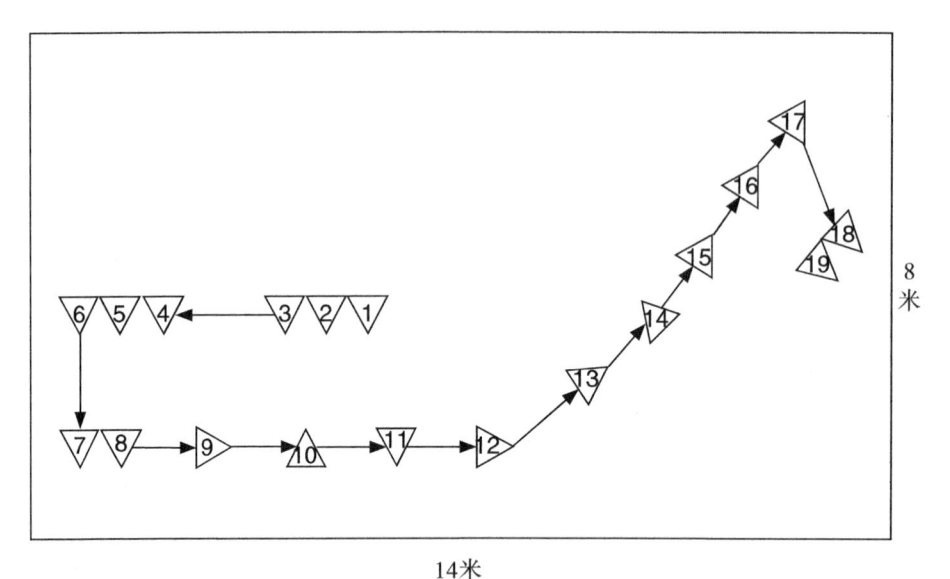

第一段 峨眉枪动作路线示意图

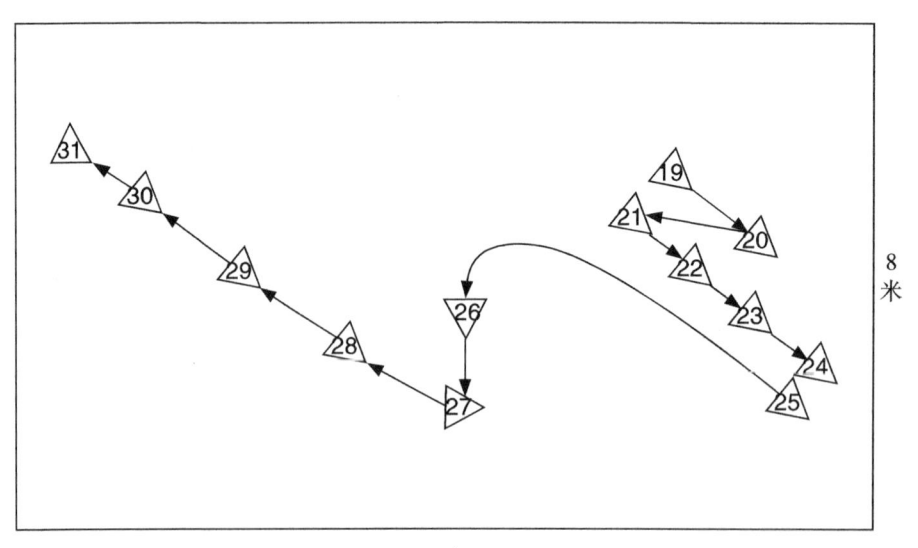

第二段 峨眉枪动作路线示意图

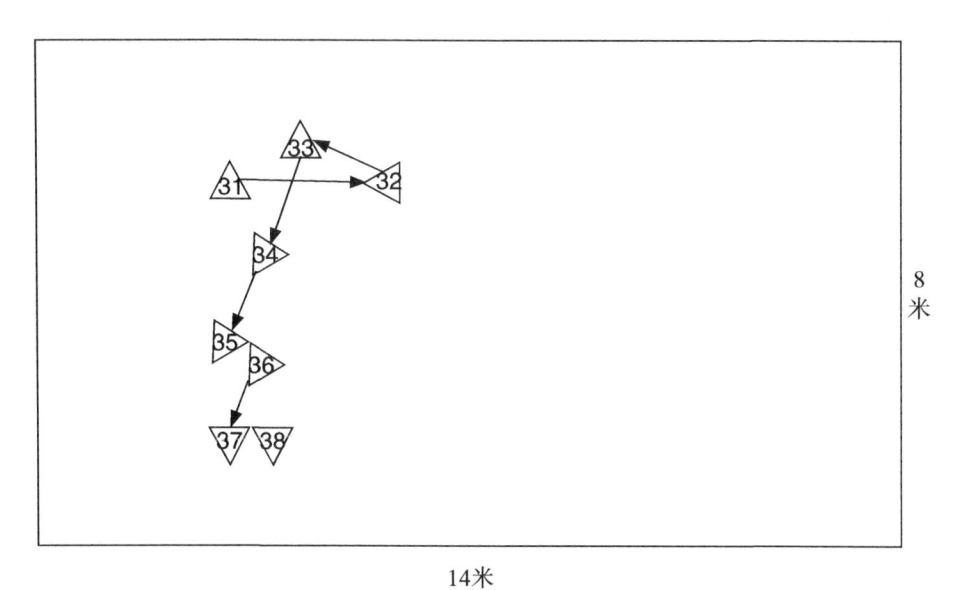

第六章 峨眉枪套路动作图解

14米

第三段 峨眉枪动作路线示意图

8米

14米

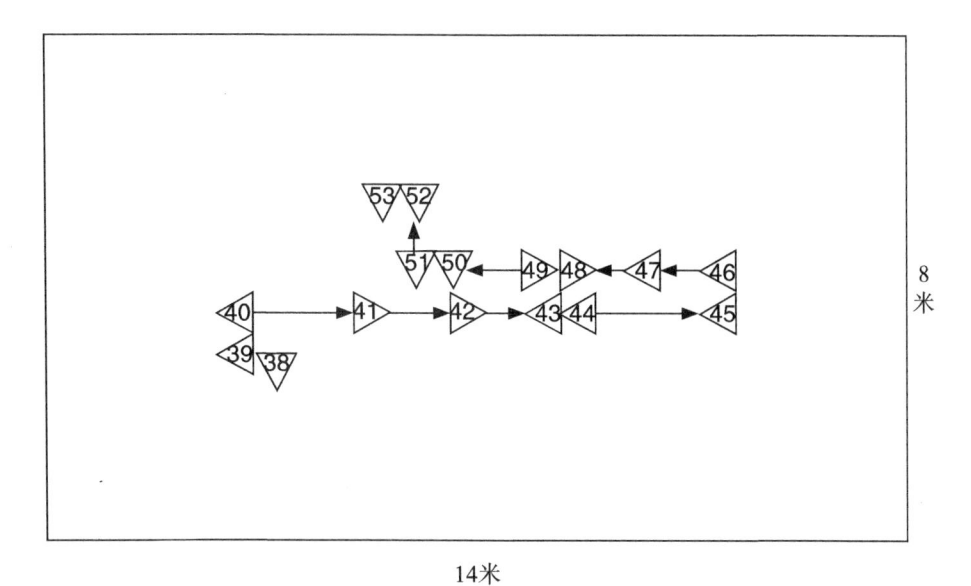

第四段 峨眉枪动作路线示意图

8米

259